經典
60

政治

[英] 安妮·珀金斯 (Anne Perkins) 著

栾 英 田小勇 譯

商務印書館

Little Book of Big Ideas:Politics
By Anne Perkins
Copyright © 2007 Elwin Street Limited

Conceived by Elwin Street Limited
Copyright Elwin Street Limited 2009
   144 Liverpool Road
   London
   N1 1LA
   www.elwinstreet.com

Complex Chinese language published in agreement with
Elwin Street Ltd, through The Grayhawk Agency.
本書譯文由北京大學出版社有限公司授權繁體字版使用

經典 60：政治

作　　者：[英] 安妮・珀金斯 (Anne Perkins)

譯　　者：欒　英　田小勇

責任編輯：洪子平

封面設計：張　毅

出　　版：商務印書館 (香港) 有限公司

　　　　　香港筲箕灣耀興道 3 號東滙廣場 8 樓

　　　　　http://www.commercialpress.com.hk

發　　行：香港聯合書刊物流有限公司

　　　　　香港新界大埔汀麗路 36 號中華商務印刷大廈 3 字樓

印　　刷：中華商務彩色印刷有限公司

　　　　　香港新界大埔汀麗路 36 號中華商務印刷大廈 14 字樓

版　　次：2012 年 7 月第 1 版第 1 次印刷

　　　　　© 2012 商務印書館 (香港) 有限公司

　　　　　ISBN 978 962 07 6498 1

　　　　　Printed in Hong Kong

目　錄

帝國締造者、征服者和統治者

革命者和國家締造者

前　言

政治學致力於研究人類與人類所生活的社會之間的關係，是一門和人類歷史一樣古老的學科。在任何一個組織、機構和人類群體中，都能看到政治學的作用。雖然本書介紹的是國家政治，但其中許多思想也適用於比國家更宏觀或更微觀的研究對象。

政治學為以下問題尋找答案：法律應該由誰制定，為何要遵守法律，法律應該遵循甚麼原則以及達到甚麼目的。簡言之，政治思想往往在專制主義和古典自由主義的分界線上左右搖擺，不斷地在以下兩種需求之間尋求平衡：一是對秩序的需求，以確保公正社會的穩定性；二是個人對自由的需求和權利。上帝有時偏向於支持前者，有時又偏向於支持後者。

政治思想的發展多半是一個漸進的過程。每一個理論家都發展、修正或回應了前人和同時代人的思想成果。對不同問題的關注重點會隨着不同時期情況的變化而改變。內戰的混亂過後，政治理論會傾向於強調維持秩序；精英統治時期過後，政治理論會傾向於強調不同意見的合法性。

社會秩序的主要變化，如基督教在歐洲的興起、第一個伊斯蘭帝國的建立、啟蒙運動或工業革命都會催生新的思

想：有些是關於被統治者和統治者之間的關係，有些是關於公民服從的義務和他們自由行動的權利起源之間的關係。不論是統治者還是叛亂者都希望從政治理論家的著作中找到合法依據，而政治理論家和理論宣傳者也一直在為政治家提供為其目的服務的思想依據。有時，像埃德蒙·伯克和托馬斯·潘恩這樣的宣傳者把一些思想闡述得極為清晰明瞭，從而使這些思想和他們的名字永遠聯繫在了一起。有時，領導者和政治哲學家之間的關係就像列寧和馬克思那樣密不可分，從而產生了一個全新的命題。

本書之所以選擇介紹這些理論家和領導人，是為了強調奠基者的思想成果，這些奠基者包括柏拉圖、亞里士多德、洛克、孟德斯鳩和馬克思等，並進一步闡明塑造了 21 世紀政治藍圖的思想觀點。本書的 10 個主題已經成為並將繼續成為創造世界歷史轉折點的動力。這些主題人物為我們生活的這個世界留下了不可磨滅的印跡。不論是帝國締造者和征服者，還是革命家及領導人，這些人都受到了某些政治哲學思想的影響，並進而影響了另一些政治哲學思想的形成。他們還幫助制定了政治路線，而當代政治家仍在為這些政治路

線爭論不休。領導人通常是某個思想經歷幾個世紀發展後的尾聲——不是精彩絕倫的即興之作就是輝煌的（或不光彩的）終曲。

　　本書可能遺漏了一些重要人物，但這本小書也許會啟發讀者列出自己的重要人物表。

安妮‧珀金斯

柏拉圖 (Plato)

柏拉圖的政治研究尋求建立一個以智慧為王的國家。他認為政治是精英們的活動，僅適合於受過高等教育的少數人。幾個世紀以來，他的思想已經成為獨裁統治和寡頭政治的理論依據。

- 約公元前 427 年出生於希臘雅典，約公元前 347 年卒於希臘雅典。

- 提倡建立一個由哲人政治家精英群體組成的政府。

柏拉圖成長於雅典政權漫長的衰落期。這個時期發生了政治大動亂，在這次政治動亂中，他的老師蘇格拉底被不公正地處以極刑，而柏拉圖自己也被迫逃離雅典。重回雅典後，他建立了阿卡德米學院，將該學院作為對範圍廣泛的各種學科進行學術研究的中心，事實上這也是世界上第一所大學。教育是柏拉圖永恆不變的興趣，在他生命即將結束的前夕，他還試圖把錫拉丘茲的新國王狄俄尼索斯二世培養成為「哲學家王」（不過最終沒能成功），因為他認為「哲學家王」是建立理想政府的關鍵，但這種嘗試差點讓他付出生命的代價。

公元前 378 年左右，柏拉圖撰寫了偉大的政治著作《理想國》(*The Republic*)。此書以柏拉圖的老師蘇格拉底和一群高貴的雅典人之間的一系列對話為基礎，試圖解釋雅典遭遇不幸的原因並研究對抗雅典衰落的方法。柏拉圖關注正義，對他而言，正義使個人能夠實現自然所賦予的人生目標。柏拉圖認為社會應分為幾個階層，而最高階層是哲學家組成的貴族階層。每一個階層都受到其職能義務的約束，從而防止

僭越。對柏拉圖而言，必須由哲人政治家精英群體來領導盲目的大眾——即普通市民，去創建普通市民難以想象的美好生活。這種生活本身就是理想國家的反映，是一個靜態、和諧的整體。

柏拉圖對精英統治的闡述有時被看做是為「政黨」進行的首次辯護。「政黨」是指在理性的「科學」學說下團結起來的政治小組，它為人民的利益服務，但不對人民負責。一方面，柏拉圖提倡一種共產主義式的生活，為了維護國家穩定，這種生活甚至把家庭關係排除在外。另一方面，他也意識到這種烏托邦思想的弱點：因為這種思想要求烏托邦貴族階層的行為要受到責任的約束，而這種責任要求他們的行為充滿智慧。柏拉圖自己也承認這種可能性是不存在的。

柏拉圖在他後來的著作《政治家篇》(Statesman)中提出，法治能夠約束領導者遵循正確的原則。最後，他在《法律篇》(Laws)中探討了強行實施一種政治體系的可能性，這個體系不僅創造了統治者能夠進行統治的環境，而且承認個人道德上的弱點。他的解決之道是對公民進行嚴格的教育。這種教育由委員們組成的一個等級體系進行管理，在這個等級體系的最高處是一個「夜間」議事會，即「國家最後的希望」。柏拉圖一直堅信必須由一個受過教育的小團體來領導大眾走向光明，但他對歐洲政治思想發展最大的貢獻則在於以下思想：他認為國家的存在具有道德目的。

亞里士多德 (Aristotle)

亞里士多德是柏拉圖的學生、亞歷山大大帝的導師，也是西方政治科學的創建人。他師承柏拉圖，贊同國家的存在具有道德目的這一思想，但更關注國家對公民和民主有利的方面。

- 公元前 384 年出生於希臘斯塔基拉，公元前 322 年卒於希臘埃維厄島的卡爾基斯。

- 支持建立一個由多數人治理並享有的政府。

亞里士多德在晚年撰寫了《政治學》(*Politics*)，專門討論如何制定合理制度。這本著作論述了有關理想國家構成的各種思想和定義，而理想國家的目的是為整個團體帶來益處。在這本含有哲學性思考的書中，最引人注目之處莫過於其對同時代和歷史上真實存在的國家的分析。亞里士多德和柏拉圖一樣，相信所有事物都有存在的目的，而人類存在的目的是「為善」。他追求以某種方式組織社會，從而使人們能夠成功地發揮最大潛力——即受到教育、理性明智並有自知之明。亞里士多德最喜歡的政治群體或政治世界是城邦的親密環境。他的著名論斷是：「人類是一種政治動物」，他們生活在一起，和動物的區別在於擁有道德判斷的力量和交流是非思想的能力。理想國家會用共同利益把公民團結起來。但是，就像自然萬物千差萬別、動物各有不同的功能一樣，人類在追求整體目的時也會基於能力的差別而起到不同的作用。某些人，如貴族階層，能夠比其他人取得更大的成就。另一方面，雖然奴隸制很大程度上是不公平的，但某些人卻只適合當奴

隸，因為他們需要更有能力的主人進行引導。

亞里士多德和柏拉圖一樣，相信「法治」，即上帝和理性的統治，這是建立一個成功國家的必要前提。他宣稱：「激情會腐蝕統治者的頭腦，即使他們是人中之龍也難以抵抗。」因此法律必須凌駕於個人之上。同樣，國家也比個人重要，但國家必須能夠反映公民的願望。亞里士多德對 158 個政府實例進行了分析，從中得出「不同形式適用於不同情況」的結論。他根據統治權執行者的人數和品德對國家進行歸類。在他看來，個人統治者要麼是通過執政來追求榮譽的「君主」，要麼是尋求財富的「暴君」；少數人統治的政府可能成為「高尚的貴族政體」，然而如果被對財富的追求所腐蝕，也可能成為「寡頭政體」；由多數人統治、符合共同利益的政府是「共和政體」，但「民主」其實是暴民統治。亞里士多德的理想模型是君主制，但該制度一旦受到腐蝕就會產生最差的結果——暴君統治，因此，他總結道：在他所闡釋的三種政府類型中，優點最少的共和政體在受到腐蝕時產生的缺點也最少。因此多數人統治並享有的政府，即一個司法公正、貧富階層尊重彼此權利、等級森嚴、變化緩慢的政府，是最有可能帶來美好生活並將其長期保持的一種政體形式。

> 人們應該通過觀察所有公民來判斷這個城邦是否幸福，而非僅觀察城邦的一部分。
>
> ——亞里士多德

亞里士多德逝世一千年後，中世紀的歐洲重新發現了他的思想並利用其思想來摧毀專制統治和暴君統治。雖然現在亞里士多德的某些思想，尤其是對於精英的強調為人詬病，但當代的爭論仍然無法擺脫他的思想框架。

尼科洛・馬基雅維利

(Niccolò Machiavelli)

馬基雅維利區別於主流政治哲學之處在於他討論的並非許多前輩和後輩致力研究的問題,即有關權威的性質和起源、政府存在目的等問題。相反,他關心的是力量、穩定和安全。

- 1469 年出生於意大利佛羅倫薩,1527年卒於意大利佛羅倫薩。

- 對國家出於道德目的而存在的思想觀念提出質疑。

尼科洛・馬基雅維利的家族在偉大的文藝復興之城 —— 佛羅倫薩世代從事行政管理工作。馬基雅維利在 29 歲時成為佛羅倫薩共和國最重要的顧問。梅第奇家族回到佛羅倫薩後的 1512 年到 1521 年間,馬基雅維利中斷了自己的政治生涯。在這段政局動盪時期,他完成了兩本主要著作:《李維史論》(*Discourses on Livy*, 1531) 和《君主論》(*The Prince*, 1532),不過這兩本書都在他去世後才得以出版。到 1527 年查理五世統治羅馬時,馬基雅維利已經同時喪失了梅第奇家族和佛羅倫薩共和派陣營的信任,他再次拒絕接受任命,並於不久後去世。

《李維史論》和《君主論》是馬基雅維利兩本不朽的經典之作。前者是思想豐富的長篇巨作,力圖通過分析羅馬共和國的得失,警戒後人切勿重蹈覆轍。後者簡要卻大膽地敍述了如何成功攫取並運用權力。這兩本書充滿了世俗主義和共和主義的思想,因而成為現代政治哲學的奠基之作。馬基雅維利的「犬儒主義」思想直到現在還擁有巨大的影響力:「人

類思想過於簡單且極易屈服於現實需求，難怪騙人者總會找到甘心受騙之人。」

在《君主論》中，馬基雅維利並沒有尋求道德烏托邦的統治，而是尋求實用的答案，以解決身邊發生的問題：一個充滿暴力、不安全的世界只能交給戰功赫赫、堅強有力的統治者來統治。君主的美德並非為善（雖然可能表現得如此），而是無視道德結果的有效統治。因此，除非迫於環境的要求，「我們不能把殺戮平民、背叛朋友、喪失信仰、喪失憐憫、喪失宗教稱為美德」。君主要想成為偉大人物，不僅必須戰勝敵手，而且必須勇敢、大膽地戰勝財富本身。

16 世紀早期，爭論不休的腐敗教會成為統一意大利的障礙，而馬基雅維利認為基督教倫理削弱了人民的個性，其後果是災難性的，因為國家的個性取決於公民的個性。他的理想國家並非君主政體，而是民主政體。在民主政體中，敵對的群體可能在法律體系中彼此處於緊張狀態，但這些群體會出於對國家本身的尊重而團結起來。

馬基雅維利認為，民主制度一旦腐敗，就幾乎不可能復原。最糟的統治者形式就是像愷撒那樣的君主，他們本來可以保護自由權利，但實際上卻摧毀了這種權利。

馬基雅維利之後的那代人開始逐漸接受國家並非出於道德目的而存在的觀點。他的後輩，如斯賓諾莎和盧梭，把他尊為共和主義者和民主主義者。

> **政治權力 (Political power)：**
> 影響社會中其他人行為的能力。馬基雅維利所提倡的集權化帶來了腐敗的危險，所以許多社會實行三權分立，即權力在行政、立法和司法部門之間進行分配，使其相互制約以防止濫用。

托馬斯・霍布斯
(Thomas Hobbes)

托馬斯・霍布斯在 18 世紀和 19 世紀的深遠影響體現在兩個方面：一是他提出了「自然狀態」的思想來解釋社會的起源並支持絕對權力，二是他認為利己是充分的動機。

- 1588 年出生於英格蘭威爾特郡，1679 年卒於英格蘭德貝郡。

- 提出契約概念，在契約約束下，所有人都放棄權利，使之歸於統治者。

托馬斯・霍布斯 20 歲時畢業於牛津大學並開始了與貴族卡文迪許家族長期的聯繫，從中受益匪淺。在他們的幫助下，霍布斯得以到歐洲旅行，從而取得了科學知識爆炸的第一手資料，而當時科學知識的爆炸正在改變人類對生活的理解。霍布斯最偉大、最出名的著作是於 1651 年出版的《利維坦》(Leviathan)。在此之前的兩本重要著作是：《法律要義》(Elements of Law, 1640) 和《論公民》(De Cive, 1642)，後者的英文譯本名為《政府和社會》(Government and Society, 1651)。

和馬基雅維利一樣，霍布斯的政治哲學是對戰爭的回應，目的是創建一個強有力的穩定社會。但霍布斯吸收運用了科學方式：他尋求能夠影響人民的基本法則，並為適用這些法則的政治體系尋求科學基礎。霍布斯認為：「建立並維持共和國的技巧……在於特定的法則，就像數學和幾何學中的規則一樣。」

同時，霍布斯的假說也受到了民族國家興起的影響。人

們所尋求的政府不僅能為城市中的幾百個市民帶來和平與穩定，而且能為廣闊領土上成千上萬個公民帶來和平與穩定。

霍布斯在《利維坦》中對社會中的人類進行了研究。這本書轟動一時，因為書中不僅認為上帝微不足道，而且描繪了人們處於無政府狀態時的暗淡景象。在霍布斯的設想中，個人的自然狀態實際上是一種戰爭的狀態。他的著名論斷是：生命是「孤獨、貧困、污穢、野蠻而又短暫的」。霍布斯否認人類是一種政治動物，這和亞里士多德的觀點正好相反。

人類出於自身利益而行動，尋求權力並將其作為更自由地放縱意志的方式。霍布斯認為個人除了生命權和因此產生的自衛權外，沒有任何其他權利。最終，只有當某種政權不能繼續提供安全保障時，人們才有權摒棄這種政權而選擇另一種政權。

霍布斯提出了一個虛無的公約。根據這個公約，人們為了擺脫無政府的自然狀態而放棄了所有的權利。其中，統治者（可能是個人或議會）擁有絕對權力並制定法律、決定教育的內容和國家的宗教。儘管臣民在相互關係中受到法律的制約，統治者卻能隨心所欲地處理臣民的財產。這種組織方式模仿了家庭這種自然社會單位的秩序。霍布斯描述的自然狀態不具有道德作用，它僅僅是推行和維持秩序的最有效方式。

霍布斯的世俗主義和現實主義與同時代的思想形成了鮮明對比，並為之後 200 年間的爭論設置了語境。

自由意志主義

自由意志主義者認為政府的主要目的是保護個人自由，並且僅限於此。這些自由通常被總結為生命權、自由權和財產權。有關國家干預是否必要及其必要程度的討論導致了自由主義和自由意志主義的分歧。

　　不可剝奪權利的概念源於保護個人不受國家侵犯。自由主義的爭論實際上是關於在個人做主的社會中對政府的適當限制。托馬斯‧阿奎那 (Thomas Aquinas，1225–1274) 主張政府權威應受到神授個人權利的限制；沒有任何世俗統治者能在不違反神法的條件下忽視個人權利。17 世紀，約翰‧洛克主張國家權力應受到源於「自然狀態」的權利的限制。在這種狀態下，理性的人認識到自身的自由權和財產權取決於對他人這些權利的尊重，政府則建立在同意保護這些權利的基礎上。19 世紀，傑里米‧邊沁主張權利會產生重要結果，會為多數人帶來最大的利益。對約翰‧斯圖爾特‧密爾來說，權利會導致「多數人暴政」，因為少數人也有需要保護的權利。

　　20 世紀上半葉，自由主義陣營出現了巨大分歧。古典自由主義的復興導致了「自由意志主義」的產生，這個術語用於純粹的自由主義者，而非立場軟化者。漸進自由主義在政府中以美國的弗蘭克林‧羅斯福和英國的大衛‧勞德‧喬治為代表，它是對自由市場產生的不平等現象的回應，這個自由市場使千百萬人變得一貧如洗並失去安全感。漸進自由

主義極大拓展了國家的活動。1941 年，羅斯福開始實施他稱之為「四個自由」的政策。除了為人熟知的言論自由和信仰自由外，他還增加了源於需求的自由和源於恐懼的自由。這些概念在之後 40 年中鞏固了美國自由政府的基礎。

在諸如奧地利人路德維希・馮・米塞斯和弗里德里希・哈耶克等政治經濟學家的著作中，更多的古典自由主義思想重新出現。他們在書中重申了約翰・斯圖爾特・密爾和亞當・斯密反對干涉基本自由的警告，並特別告誡：不能通過福利和就業保護措施來約束市場。他們認為從長遠來說，市場能夠通過自發的秩序來消除不平等現象，還認為個人慈善要比國家福利更有效率。

20 世紀 50 年代，以賽亞・柏林描述了兩種自由，即「消極的」自由和「積極的」自由。前者是指不顧對社會公平的影響、最大程度不受約束的自由。後者是指作為善行的自由，它需要干涉，以避免富人獨裁統治。

左派的自由意志主義者則試圖追求平等主義目標，尤其在財產權方面。他們認為在更為傳統的自由主義概念中，財產在本質上是共同擁有的。

21 世紀初期，自由意志主義在發達國家已擁有廣泛的影響力，成為大部分右傾政黨思想理論的重要組成部分。但有越來越多的證據顯示，人們現在更傾向於更為傳統的自由主義。這種傾向再次促進了社團和社會的利益，這些利益與個人權利共存並修正了個人權利。

巴魯克·斯賓諾莎

(Baruch Spinoza)

巴魯克·斯賓諾莎是早期的理性主義者。和托馬斯·霍布斯一樣，他為自己的哲學尋找科學的基礎。但對於斯賓諾莎來説，人類不應該僅僅是激情生物，因為他們能夠運用理智來解放自身。

- 1632 年出生於荷蘭阿姆斯特丹，1677 年卒於荷蘭海格。

- 主張良心自由論——應該允許個人為自己着想。

斯賓諾莎出生於一個富裕的荷蘭猶太家庭。雖然他從小學習正統的學説，但也接受了世俗思想的良好教育。笛卡兒當時也住在荷蘭，斯賓諾莎是他的信徒。早年斯賓諾莎因為質疑《聖經》能否控制世俗法律而被逐出教會，在此期間，他以打磨鏡片為生。同時，斯賓諾莎試圖建立一個能夠包含他對人類和自然深入理解的哲學體系。1662年之前，他已經撰寫了《神、人及其幸福簡論》(A Stort Treatise on God, Man, and His Well-being)、《理智改進論》(A Treatise on the Correction of Understanding, 1670)和三卷本名著《倫理學》(Ethica)的第一卷。斯賓諾莎因肺結核而英年早逝，《神學政治論》(Tractatus Theological-Politicus)和《政治學》(Politicus)於他去世後出版。

斯賓諾莎堅持不懈地追求他自己的邏輯。他認為既然所有動物和人類都受到理智的支配，在自身能力範圍內遵循自然法則，且在所有事物中都能找到神的存在，那麼，人類所做的任何事都具有神性。懷疑論者皮埃爾·貝勒後來稱上述

觀點為「可怕的假設」。

斯賓諾莎對政治思想領域最重要的貢獻在於其「良心自由」的論點——該理論起初是為了促進宗教自由，但後來得到了更為廣泛的應用。他的結論是人類受到自然規律的支配。這種自然規律源於人類本性，而非其他權威。人類擁有服從本性的自然權利，並通過服從本性形成了是非觀念。因此，如果任何人試圖對他們發號施令，就違反了自然規律。「如果一個統治者試圖告訴他的臣民如何判斷是非，人們會認為這個統治者不公正地對待他的臣民，並篡奪了臣民的權利……因為在這種情況下，即使個人想要放棄權利，他也不可能做到」。

斯賓諾莎大大低估了個人允許他人代為思考的能力。他承認雖然這是一種權利，但並不能阻止最高統治者視持有異見者為敵——這種做法不合情理，因為斯賓諾莎相信，政府的目的不僅僅在於維護霍布斯主義提倡的安全，還要維護使個人能夠為自己着想的和平和自由。「如果聯邦的和平取決於公民的冷漠，而公民除了屈從甚麼也沒學到，就像綿羊一樣被人領導，這個聯邦更適於被稱作沙漠，而非共和體」。

自相矛盾的是，斯賓諾莎相信寬容，容忍神的存在，使他被同時代的一些人視為無神論者，而被後人視為泛神論者。在他去世後的 100 年間，他的思想一直默默無聞，直到被 19 世紀的實用主義者重新發現，才成為哲學研究的主題。

> 和平不僅意味着沒有戰爭，它還是一種美德、一種思想狀態、一種仁慈、自信和正義的性情。
>
> ——斯賓諾莎

約翰・洛克 (John Locke)

約翰・洛克是啟蒙運動的第一位哲學家，也是提倡自由民主、憲政民主和個人自由的理論家。洛克的自由主義起初成為有限的民主形式和君主立憲的理論依據，但他關於勞動、財產和個人權利本質的觀點隨後為更激進的學說奠定了基礎。美國憲章和卡爾・馬克思的著作中都能找到洛克的痕跡。

- 1632 年出生於英格蘭薩默塞特，1704 年卒於英格蘭埃塞克斯。

- 提倡自由民主、憲政民主和個人自由的思想。

約翰・洛克是聖公會教徒，出生於一個鄉村律師家庭。他的父親在英國內戰期間支持資深國會議員的立場。1652 年到 1665 年間，洛克在牛津大學就讀。在校期間，他不喜歡傳統課程，而更喜歡快速發展的實驗科學。洛克獲得了艾希里勳爵，即後來的沙夫茨伯里伯爵一世的支持，並幫助勳爵起草了美國卡羅來納州的憲法，保障信仰自由，但禁止無神論。1675 年到 1679 年間，洛克因擔心受迫害而隱居法國。在那裏，他受到了實驗主義者皮埃爾・伽桑狄 (Pierre Gassendi) 的影響。洛克返回英格蘭後不久，又於 1683 年逃到了荷蘭。

1688 年的「光榮革命」之後，洛克作為未來瑪麗女王的扈從回到了英格蘭。他撰寫了兩本關於政府的專著，目的可能是為了慶祝革命勝利。在此時期，英國憲章制定，而洛克作為輝格黨的主要思想家，是憲章成型的關鍵人物。

洛克的第一本專著試圖批駁王權神授的觀點。根據神授

王權，所有君主都是聖經中亞當的後裔。洛克認為這是無稽之談。和許多同時代的人一樣，洛克設想人類曾經一度生活在自然狀態中；但這和霍布斯的自然狀態完全不同。霍布斯的自然狀態是一種「自由的狀態，不是許可的狀態」，它受到自然法則的支配，要求每個人都尊重他人的「生命、健康、自由和財產」。

洛克的自然狀態是為暸解釋某些權利，他試圖證明政府是被迫維護這些權利。所以在這種自然狀態下，所有人生活在「一種完全自由的狀態中，在自然法則的範圍內規範行為、隨心所欲地處理財產和人事問題……這也是一種平等的狀態，其中所有的權利和司法權都是互惠互利的」。

> 所有人類……都是平等和獨立的個體，沒有人可以損害別人的生命、健康、自由或財產。
>
> ——洛克

為了更好地發展，人們簽訂了社會契約，從而建立了強有力的政府，制定了符合公共利益的法律。他們所放棄的僅僅是判斷權和懲罰權；財產權、思想自由權、言論自由權和信仰自由權全都得到了保留。

洛克研究了亞里士多德所有的政府分類，認為最適合於保障個人自由的政府形式是混合型政府：一個民選的立法機構。這個立法機構可能只由個人 —— 即君主來行使行政權。他希望立法權能獨立於行政權，這一思想在美國比在英國更有影響力。伯特蘭・羅素寫道：「洛克的思想與那些最有智慧的人完全一致，所以很難看出他受到了誰的影響。」

查理・路易・孟德斯鳩
(Charles de Montesquieu)

查理・路易・孟德斯鳩的巨著《論法的精神》(*The Spirit of the Laws*) 為《人權宣言》和《美國憲章》提供了思想基礎，並影響了俄國的葉卡捷琳娜女皇。

- 1689 年出生於法國波爾多，1755 年卒於法國巴黎。

- 對《人權宣言》和《美國憲章》產生了重要的影響。

查理・路易・孟德斯鳩出生於一個法國小貴族家庭，家族繼承了孟德斯鳩這個男爵封號。他因孟德斯鳩這個名字而為人熟知。孟德斯鳩本來以半吊子而聞名，所以他第一本著作《波斯人信札》(*The Persian Letters*) 的出版讓眾人大吃一驚。這本書通過兩個波斯旅行者的對話，用諷刺的筆調詳細描繪了巴黎的風氣、羅馬教廷和法國君主制。

1727 年，孟德斯鳩當選為法蘭西學院院士，並開始周遊歐洲大陸。他受到英國憲章的深刻影響，並在《論法的精神》一書中對其進行了分析。他的《羅馬盛衰原因論》(*Reflections on the Causes of the Grandeur and Decline of the Romans*, 1734) 比愛德華・吉本 (Edward Gibbon) 的名著早了 50 年，他在書中原創性地分析了羅馬盛極而衰的原因。在之後的 15 年中，他全力以赴，準備撰寫《論法的精神》，最終此書在 1748 年出版後受到了極大的歡迎。

孟德斯鳩的著作沒有對掌握權力的政府進行傳統分類，而是根據政府對權力的使用——即一種「啟發性的原則」來區

分政府。所以共和政體（可能是民主的或貴族統治的）通過人民的道德（公益精神）來維持，君主制通過尊重來維持，而獨裁制則通過恐懼來維持。

書中關於英國經歷的部分發展了洛克的分權理論，即如要維護自由，立法權、行政權和最重要的司法權（用以維護法則），就應該成為相互獨立的實體。美國在 20 年後急切地採納了這些觀點。不過孟德斯鳩由於受到英國保守思想的影響，過分地誇大了英國憲章中的分權。

孟德斯鳩作品中最富原創性的方面也許在當時顯得有些古怪：那就是對制度演變外因影響的討論（可以認為這使他成為第一個社會學家）。他相信在原始社會中，天氣是一股強大的力量——天氣是立法者必須應對的、與市民有關的多種因素之一。他也指出了其他的「次要原因」，例如在傳播文明時起到更大作用的宗教和法律。孟德斯鳩認為法律是一種社會現象，最終將會把國家從上帝的統治中解放出來。

> 中庸精神也應該成為立法者的精神。
>
> ——孟德斯鳩

孟德斯鳩的作品受到了當權派的抨擊，被列入了梵蒂岡的禁書目錄。為此孟德斯鳩撰寫了《對〈論法的精神〉的辯護》（*Defense de l' Esprit des Lois*, 1750），最後，他還撰寫了《論品位》（*Essay on Taste*）一書。

孟德斯鳩的思想得到了廣泛的傳播。他描述了影響法律和風俗的多種因素之間複雜的相互作用。埃德蒙·伯克贊同這種描述，並把它當做反對法國大革命的有力論據。

讓・雅克・盧梭

(Jean—Jacques Rousseau)

浪漫主義哲學家讓・雅克・盧梭提出了革命性思想,即「人生而自由,但卻無處不在枷鎖之中」,從而把人生態度變為了政治理論。他的思想概括起來就是「自由、平等、博愛」,這成為 1789 年法國大革命的戰鬥口號。

- 1712 年出生於瑞士日內瓦,1778 年卒於法國巴黎。

- 提出了個人應在社會契約下放棄權利的思想。

盧梭的生活和他的政治學說一樣離經叛道。他的第一本巨著《論藝術和科學》(*Discourse on the Arts and the Sciences*, 1750)闡明了他哲學思想的要素:人性本善,但已被社會和文明腐蝕。他的第二本書《政論》(*Discourse*, 1755)研究了不平等的問題。他發現不平等的根源並非在於本質(雖然個體之間存在差異),而在於社會形成的最初過程。雖然社會起初處於「黃金時代」,但不久之後,愛產生了嫉妒、對抗、競爭和驕傲,隨之而來的是災難性的財產,而後產生了保護財產的法律和政府。

1762 年,盧梭撰寫了《社會契約論》(*The Social Contract*),論述了在社會中重獲自由的可能性和方法。此書的開篇名言是「人生而自由,但卻無處不在枷鎖之中」。他相信是社會環境塑造了個人。盧梭認為可以在特定社會中找到自由,在這個社會中,個人意志得到保證,以形成一個「普遍的」道德意志,這個普遍意志致力於為大眾利益服務並有別於個人意志的總和。他希望能構想出一個個人能在其中茁

左圖：盧梭認為每個公民都應該使個人意志屈從於代表共同利益的「普遍」意志。

壯發展的社會，但他的思想似乎為極權主義提供了口實。

在霍布斯的哲學思想中，個人放棄了所有權利來換取社會中的公民權利，使得「每個成員都放棄了他所有的權利而完全屈從於整個社會」。盧梭宣稱，僅由共同利益所推動的社會才會產生公平的法律：在這些法律下，人們「被迫變得自由」，因為遵守普遍意志就相當於遵守個人意志。對個人權利的完全摒棄是盧梭思想中最有爭議的方面之一，這個觀點在法國大革命中被濫用並產生了可怕的效應。

盧梭認識到不平等現象並不局限於貧窮，而群眾可能沒有足夠的聰明才智達到在公平社會生活的要求，因此他借鑒了馬基雅維利的建議，即利用小小的欺騙，例如聲稱得到了神的啟示，這有助於讓人順從。

盧梭發現基督教雖然充滿真理，卻不符合理想國家的目的。正是他有關社會和宗教的思想使他遭到流放。《社會契約論》被日內瓦和法國列為禁書後，盧梭做了好幾年的逃犯。有一段時期他住在英國，靠喬治三世提供的資助過活。之後他於 1768 年回到法國並結了婚，對象有可能就是他的第一個情婦和他五個孩子的母親。他繼續大量寫作，作品包括自傳體作品《懺悔錄》（*Confessions*），此書在他去世後出版。

女權主義 (Feminism)

女權主義不僅闡述了一種哲學思想，也是一種文化、社會和政治運動。從政治意義上來說，狹義的女權主義意味着努力爭取男女在制度和經濟上的平等。但對平等的理解卻受到文化語境和社會學語境的雙重影響。

在西方，自從政治理論脫離了男性主宰的教會之後，婦女的地位一直受到質疑。在 18 世紀，人們熱衷於洛克、潘恩和盧梭等人的著作中所讚頌的自由和平等，很快這種熱情也體現在女性的作用這一問題上。瑪麗·沃斯通克拉夫特（Mary Wollstonecraft）首先提出，既然社會允許男性充分表達他們的理性，它也應該承認女性的權利。

儘管性別平等的觀點在 19 世紀獲得了強有力的哲學支持（如約翰·斯圖爾特·密爾），且婦女低下的法律地位成為當時最偉大作家的寫作主題，但只有當女權主義把注意力放到表決權的要求上時，它才真正成為一股政治力量。

在美國和歐洲（新西蘭於 1893 年首先承認了婦女投票權），爭取婦女投票權的長期鬥爭使婦女打破階級和種族的樊籬團結起來。早先如爭取婦女教育權的鬥爭，從未達到過如此高度的團結。但該鬥爭也經受了單議題政治的共同命運：一旦獲得投票權，運動也就基本上解體了。被賦予政治權力的婦女想要改變現實世界的嘗試失敗，並妨礙了整個運動。

20 世紀 50 年代出現了新的哲學動力，其中最重要的

來自法國存在主義哲學家西蒙娜・德・波伏娃（Simone de Beauvoir）。波伏娃發現女性的定義完全取決於與男性的關係，這個觀點非常說明問題，因為在當時，數量比以往任何時候都多的女性選擇把戰時工作還給男性，而讓自己回歸家庭。

第二波的女權主義又稱「婦女解放運動」。確切地說，它是一個草根運動，是 20 世紀 60 年代「新左派」運動的一個方面。雖然凱特・米麗特（Kate Millet）和傑曼・格里爾（Germaine Greer）這些最雄辯的女權主義理論家和激進的左派人物譴責傳統政治，因為它鼓勵女性理解壓迫她們的社會結構，但是第二波女權主義者同樣贊成有限的政治目標，因為這些政治目標會切實推進女權主義運動的發展。

「實用女權主義」即政治女權主義，它在避孕、流產和為遭受暴力和強姦的婦女謀求正義方面取得了很大進步（包括承認強姦為戰爭罪行）。但一些婦女相信，取得這些進步同樣也證明了局部利益可以損害整體利益。要求同工同酬的戰鬥是一項政治勝利，但在實踐中卻從未實現。設定最低工資是使婦女擺脫貧困更有效的方式。

其他女權主義政治理想，如平等代表權，只有通過實行配額或歪曲自由選舉進程才得以實現。這樣做損害了其他原則，甚至是平等原則。根據聯合國的統計，婦女雖然佔世界人口的 51%，從事 66% 的工作，卻僅僅得到 10% 的總收入，擁有不到 1% 的總財產。就世界範圍而言，女權主義很難在發達國家和發展中國家之間達成共識，這也說明女權主義作為一種政治運動有其局限性。

托馬斯‧潘恩 (Thomas Paine)

托馬斯‧潘恩更多時候是傑出的政治傳道者，而非有獨創理論的思想家。他撰寫的小冊子〈常識〉（'Common Sense'）對美國獨立戰爭的發展起到了重要作用，而他的《人權論》（*The Rights of Man*）對美國憲法的形成起了關鍵作用。

- 1737 年出生於英格蘭諾福克郡，1809 年卒於美國紐約。

- 倡導個人自由，對美國獨立戰爭的方向產生了巨大的影響。

潘恩 13 歲輟學，在消費稅務處工作時，因要求更高的工資和消除腐敗而和上司起了衝突。他聽從本傑明‧富蘭克林的勸告，決定在美國尋求成功，並於 1774 年抵達美國。他的第一本小冊子〈常識〉於 1776 年 1 月發表。當時北美殖民地反英鬥爭正處於高潮，而他熱情洋溢地站在美國的立場進行辯護，明確有力地呼籲大家為自由而戰，重新集合了軍隊。這本小冊子在幾個月之內就銷售了 50 萬冊，為 1776 年 7 月 4 日《獨立宣言》的簽署鋪平了道路。

在之後的 7 年中，他撰寫了一系列「美洲危機」的小冊子來支持華盛頓領導的軍隊。後來他還把自己有限的收入捐給了美國獨立事業，並開始了歐洲之旅，為美國的獨立戰爭募集資金。

1789 年，潘恩到英格蘭旅行時讀到了埃德蒙‧伯克攻擊法國大革命的新作，便撰寫了《人權論》作為還擊，激進地表達了對個人自由的支持。這使他在英格蘭遭到通緝，而在法

國卻成為英雄。他在著作出版前就逃離了英格蘭，而且再也沒有回去過。在法國，儘管他對法語一竅不通，但仍很快當選並加入了國民議會。

和洛克、盧梭等所有 18 世紀的激進主義者一樣，潘恩在人類的自然狀態中找到了個人權利的起源。在自然狀態中，個人本來享有自由，但為了其他的權利放棄了自由。所有政府的存在都僅僅是為了維護自由、財產、安全和獨立的權利：任何破壞行為都會遭到合法的抵制，因為國家主權屬於整個國家，而非國家的任何單個部分。

《美國憲法》的開篇部分受到了潘恩的深遠影響：

「我們認為下面這些真理是不言而喻的：造物者創造了平等的個人，並賦予他們若干不可剝奪的權利，其中包括生命權、自由權和追求幸福的權利。為了保障這些權利，人們才在他們之間建立政府，而政府的正當權力則來自被統治者的同意。」

潘恩為了表明人民的統治權能夠消除貧困、戰爭、失業和文盲，提出政府應該在教育、公共設施工程和累進稅方面發揮重要作用。他提倡的政府的重要性甚至超過了許多美國人在 200 年後願意接受的程度。潘恩排斥有組織的宗教，這在當時被眾人誤解為是無神論的思想，這使他的聲譽遭到了破壞。他的訃告中寫道：「在他長壽的一生中，他做了一些好事，也做了很多壞事。」

> 這是考驗人們靈魂的時刻，那些歲寒不經霜的士兵和只能見陽光、不能見陰霾的愛國者們在這個危機中將會動搖退縮，不敢再為國效勞，但是那些堅持下來的人們，現在理應得到人們的愛戴和感激。
>
> ——潘恩〈常識〉

埃德蒙・伯克 (Edmund Burke)

埃德蒙・伯克代表了保守主義和立憲主義面對激烈挑戰時的心聲，他的《對法國大革命的反思》(*Reflections on the Revolution in France*) 促使托馬斯・潘恩撰寫《人權論》作為反駁。

- 1729 年出生於愛爾蘭都柏林，1797 年卒於英格蘭白金漢郡。

- 排斥激進政治改革的觀點，而贊成更為自然的循序漸進。

伯克出生於都柏林的一個律師家庭。他到倫敦是為了學習法律，但他更享受啟蒙時期倫敦的樂趣，因而放棄了法律的學習。他於 1757 年開始出版全面評述國際時事的《年鑑》，並於同年結婚。伯克於 1765 年開始參與輝格黨的政治活動。

18 世紀的大部分時期，國王和議會就各自的權力範圍爭論不休。伯克在《思考當前不滿的起因》一文中，為議會做了辯護。他認為如果政黨（之前是濫用權力的代名詞）能夠被組織起來，推動某些原則的實施，就能成為自由的保障者，並成為人們和管理者之間的橋樑。

伯克同意改革不可避免，有時甚至是人們所渴望的。但他認為改革應該是循序漸進的，其基礎應該是迫切的需要，而非個人權利這樣的抽象概念。他還認為改革不應反對現有秩序而追求道德理想，因為那樣會面臨激烈反抗的危險。他對自由和平等的抽象理想不屑一顧，反而贊同用溫和的態度來調和所有因素，進而使整個社會過上美好的生活。

1774 年，伯克開始熱衷於美國的稅制問題並出版了《論

美國的稅制》(*On American Taxation*)，次年又出版了《論與美國和解》(*On Moving His Resolutions on the Affairs of America*)。他宣稱討厭殖民地居民「形而上學的」、基於人權的觀點，捍衛了議會的徵稅權（不過他警告議會徵稅權是錯誤的，因為它忽視了被管理者的心情並面臨引發正義反抗的危險）。

因此，伯克強烈反對法國大革命也就不足為奇了。在1790 年出版的《對法國大革命的反思》一書中，伯克據理反對「人權」口號中所包含的人民主權的抽象概念。他驚愕於傳統和價值觀的徹底顛覆，並把英國向君主立憲制的自然進化奉為楷模。

同時，伯克深切關注祖國愛爾蘭的狀況。他認為在愛爾蘭的有限經濟和宗教條件下，愛爾蘭應該爭取更多的獨立。但他政治活動的重心逐漸轉移到關注印度事務的腐敗狀態上。他希望成立一個把國王和東印度公司排除在外的獨立委員會來治理印度。受此論點影響，他支持 1794 年對孟加拉總督沃倫‧黑斯廷斯 (Warren Hastings) 的不公正控告。

伯克懷疑人類的力量能否從根本上改變結構如此複雜的社會。「我們害怕人們根據自身的理性儲備來生活和進行貿易活動；因為我們覺得個人的這種儲備非常之少，如果個人能夠利用各個國家和時代所儲備的理性就會做得更好」。

> 政治家的標準是有維持現狀的意向和改善現狀的能力，二者缺一不可。
>
> ——伯克

亨利・聖西門 (Henry Saint-Simon)

亨利・聖西門有時也被看做社會主義的先驅，他相信用科學改變政治和現實世界的可能性，認為社會可以和平地逐步發展到由共同利益控制的計劃經濟。

- 1760 年出生於法國，1825 年卒於法國巴黎。

- 提出如果有良好的管理，一個公正的社會可能存在。

亨利・聖西門屬於首批試圖從法國革命中吸取教訓的人，他發展暸解釋從中世紀到當時的社會演變歷程的歷史哲學，其思想為之後的卡爾・馬克思所借鑒。

聖西門發現，經濟發展影響了社會組織，破壞了精神權力和世俗權力。工業的發展，資產階級領導者更多合作、更少脅迫的本質，科學和科學懷疑論的興起，這些都削弱了教會和國家的力量。聖西門相信，法國大革命中暴力產生的原因在於國王錯誤地支持了貴族階層，而非新興的資產階級。但資產階級未能為他們的新角色做好充分準備，從而使君主制得以復辟。

儘管因革命而變得醒目的律師和中間人統治了這個時期，但它仍舊只是通向公正社會道路上的中途站。在公正社會中，以強制脅迫為主要功能的國家將沒有存在的必要，會被行政管理機構所替代：「能夠處理好共同關心的問題就足以維持秩序。」在這個公正社會中，不再有貧富差別，財富無須受到保護，每個人都知道法律符合人民的利益因而會自願服從。

就像科學家是專家那樣，行政管理者也將會是專家，而

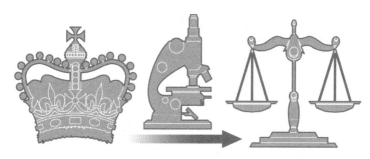

上圖：社會通過科學和工業的進步，發展成為一個擁有完美正義的體系，在此體系中，所有財富都得以平均分配。

他們的專業知識將會是管理的資源。聖西門認為，沒有理由相信未受適當教育的普通人會懂得科學，也沒理由相信他們會懂得管理。他在標識為「組織者」的一系列書信中詳細闡述了這些觀點，分別寄給了國王和商業領袖。他認為一旦這些人瞭解到自己在社會進步中的作用，就會宣佈放棄特權，主動幫助建設一個團結友愛的社會。在這個社會中，每個人都按照貢獻的大小獲得報酬。

聖西門相信，宗教對於控制社會目標、解釋世界現象而言必不可少，但他一生中大部分時間都重視科學而排斥基督教。然而，他在去世那年發表了他最有影響力的著作《新基督教》（*The New Christianity*），他認為基督教作為一個道德價值觀的體系，提供了一個最重要的目標，「以引導社會向儘快改善最貧困階級的狀況這個偉大目標前進」。這一觀點的依據是關於稅制改革的建議，而稅制改革的目的是阻止資本的過度積累。也正是這個觀點被他的信徒們當做「聖西門教」式的信條而採納，並在聖西門去世後在歐洲流行一時。

奧古斯特・孔德

(Auguste Comte)

奧古斯特・孔德作為聖西門早期的合作者，發展了哲學實證主義，試圖找到人類獲得幸福必須遵守的規則。他把這門研究社會的新科學稱為「社會學」。

- 1798 年出生於法國蒙彼利埃，1857 年卒於法國巴黎。

- 出了關於社會學的理論，持續影響了幾代科學家。

奧古斯特・孔德拒絕接受天主教信仰和他父母的保皇主義思想，贊成用非傳統的科學態度來解釋人類社會的歷史。當他的導師聖西門重新發現了基督教的意義後，他與其發生了爭執，後來因與在綜合理工學院的上司不和而變得身無分文，不得不依靠英國實用主義者約翰・斯圖爾特・密爾等崇拜者提供資金。

孔德的青年時代籠罩在法國拿破崙戰爭失利後的陰影之中。像許多同時代的人一樣，他也在尋求一種新秩序，這個新秩序能代替被革命摧毀的舊秩序，並能回答隨着科學和工業的發展而出現的新問題。和聖西門一樣，他開始想象科學才是問題的答案。

孔德指出了智力發展的三個階段：基礎知識經歷了從神秘主義和唯心主義階段到形而上學階段（其中的解釋説明都是抽象的推測）再到「實證主義」階段的轉變。在實證主義階段，知識建立在實驗觀察的基礎上，僅受人類理解力和經驗範圍的限制。

孔德相信人類知識總量越大，不幸和痛苦就越少。他是個有條理的人，對科學加以分類，認為科學的發展始於數學和天文學，再擴展到物理、化學和生物學，進而發展到他本人命名的社會科學，即「社會學」。自然哲學家在 200 年前開始發現支配他們身邊自然界的法則，社會學同樣也會找出支配社會的法則。他預言說：「隨此論證而來的是大多符合普遍秩序的一般或特殊行為準則，通常人們會因此發現這些準則有益於個人幸福。」

孔德認為社會學科分為兩類：一類研究把社會團結在一起的各種力量，另一類研究社會變遷的驅動因素。個體屬於後者的研究範疇，而國家和政府屬於前者的研究範疇。他的很多思想都是對聖西門雜亂無章的天才思想進行編寫和系統化的結果。兩人都希望教會的構架（並非教會的內容）能夠為社會的道德組織提供模型，而孔德把社會學家看做「人類社會性的哲學基礎」的新型傳教士。

> 既然不許人類自由地思考化學和生物學，為甚麼要允許他們自由地思考政治哲學呢？
>
> ——奧古斯特·孔德

孔德的政治思想十分保守，這並不新奇。他排斥民主思想，更喜歡等級制度和精英統治。他的某些思想簡直就是異想天開：他提議創立一個由一群市政主義聖徒組成的實證主義宗教，由他擔任大祭司。但是他關於社會學的思想影響了之後的幾代人，其中包括法國的埃米爾·迪爾凱姆（Emile Durkheim）和英國的赫伯特·斯賓塞（Herbert Spencer）。作為社會學之父，他的著作至今仍是重要的研究對象。

社會主義 (Socialism)

除開意識形態起源和教條主義時期，社會主義已經演變成為包含了公平和社會正義的一整套廣泛的價值觀體系。

社會主義作為對工業革命的回應發端於 19 世紀。工業化進程分裂了社團，瓦解了傳統工作方式，在為少數人帶來了大量財富的同時卻使無數人陷入貧困。它所產生的大城市、工廠和車間孕育了一種新的團結方式和集體身份，孕育了新的工會制度，不久之後還產生了新的政治理論。

聖西門 (Saint-Simon) 和傅立葉 (Fourier) 等法國空想社會主義學家以及親自實踐改革的威爾士人羅伯特·歐文 (Robert Owen)，都在尋找私有財產的替代品，因為私有財產是資本主義不公正的根源。影響最為長久的思想觀點來自於歐文。歐文本身就是一個成功的資本家，他進行了合作生產的試驗、譴責浪費現象並推廣教育。

馬克思和恩格斯使社會主義思想成為有條理、有系統的國際學說。在資本主義社會，所有權集中在越來越少的人手中，無產階級總有一天會開始反抗、奪取生產資料並建立一個沒有階級的社會。社會主義將會是國家逐漸消亡前的最終階段。

《共產黨宣言》(*Communist Manifesto*, 1848) 中的這個觀點塑造了歐洲的社會民主制度。但在 1914 年「一戰」爆發時，大部分社會主義政黨摒棄了已成為社會主義運動組成部分的國際主義而試圖參戰。俄國的 1917 年革命導致了左派

的最終分裂。列寧譴責溫和的社會主義者與帝國主義戰爭販子進行合作，而後者則抨擊新的蘇維埃專政沒有把權力交還給工人。

儘管國際運動遭受挫折，但蘇維埃共產主義顯而易見的經濟成功給各地的社會主義者留下了深刻印象。但在政府中，社會主義執政的早期措施並不果斷，不幸的是，這些措施還受到了世界經濟危機的制約。德國的社會民主黨人以通貨緊縮的傳統方式應對 1929 年金融危機後的經濟衰退，同時代的少數派英國工黨政府也採取了同樣的方式。只有瑞典的社會民主黨政府以修建公共建設工程來減少失業率和振興經濟。

第二次世界大戰之後，社會主義成為歐洲的主要意識形態。在英國，儘管工黨對公有制的憲法承諾持續到了 20 世紀 90 年代，但第一個多數派工黨政府僅把極少數工業部門收歸國有，並以一種集權和官僚主義的方式進行國有化，導致了最終的失敗。

社會主義已經開始出現了社會福利國家主義、漸進主義和混合經濟等特點。社會主義以這種溫和的形式，在 20 世紀 50 年代和 60 年代歐洲國家的選舉中取得了一段時期的勝利。許多新近獨立的亞非國家都採用了社會主義的名稱（雖然在實踐中並非如此）。

到 20 世紀末期，社會主義必須再次進行變革的觀點已被廣泛接受。社會主義已逐漸成為一個運動的代名詞，這個運動追求一個公平正義、兼容並蓄並由精英領導的美好社會。

卡爾・馬克思 (Karl Marx)
和弗里德里希・恩格斯
(Friedrich Engels)

卡爾・馬克思和弗里德里希・恩格斯既是哲學家，也是傳道者。他們奠定了革命的傳統並普及了歷史唯物主義的思想：所有的歷史都是階級鬥爭的歷史，而階級是經濟地位的產物，因此勞資雙方的鬥爭是不可避免的。

● 馬克思：1818 年出生於普魯士特里爾，1883 年卒於英國倫敦。恩格斯：1820 年出生於普魯士巴爾曼，1895 年卒於英國倫敦。

● 發展歷史性革命式變革的觀點，成為俄國和中國革命的啟蒙思想。

馬克思出生於一個德國猶太律師家庭，他對窮人狀況的自由主義批判得罪了普魯士的當權者，被迫流亡巴黎。1844 年，他開始與恩格斯——一個紡織品製造商的兒子合作，他們的合作對之後幾百年的世界政治產生了重大影響。

馬克思和恩格斯一起發展了唯物主義的歷史觀，認為在經濟上佔統治地位的階級會為了自身利益建立社會體系：國家只是「資本主義社會的指導委員會」。

馬克思和恩格斯把法國和英國的社會主義者，如法國的聖西門和孔德、英國的羅伯特・歐文，視為「空想社會主義者」，並提出了《共產黨宣言》，其中包括累進稅制和義務教育。這個《宣言》以幽默的筆調開頭：「一個幽靈——共產主義的幽靈正在歐洲上空遊蕩」，以戲劇性的呼籲結尾：「全世

界的工人階級，聯合起來！」

在倫敦，馬克思和恩格斯深入思考了君主立憲制失敗的原因，並決定必須要由革命工人委員會喚醒無產階級的意識。他們是堅定的唯物主義者，堅持認為革命將會隨着經濟的衰退而到來。馬克思大量借鑒聖西門的思想，他和聖西門一樣，把革命看做一個不僅會改變社會，還會改變人類自身的過程，這種改變不會僅僅因為勞動者奪取政權而發生。「純粹意志」不可能取代「實際情況」。

1867 年，《資本論》（*Das Kapital*）第一卷出版。馬克思在其中詳細闡述了剩餘價值理論：資本家以大量失業勞動力為後備，把工資維持在僅供溫飽的水平，而勞動者創造的價值超過他們的所得，資本家把其中的利潤——剩餘價值據為己有。

馬克思和恩格斯在經濟學領域和商業實踐方面做出了重要貢獻。他們認為社會組織沿着必然的發展道路前進，在某個時刻，由於一些不可避免的經濟因素，資本主義制度會分崩離析，為更高的社會形式所代替。「剝奪者[將會]被剝奪」。

> **無產階級**（Proletariat）：最初指除了孩子外沒有其他財產的階級。馬克思把這個詞的意義擴展到一般的工人階級：他們除了時間之外無物可售，生產商品卻不擁有生產資料。這些工人將會是社會主義革命背後的力量。

安東尼奧・葛蘭西

(Antonio Gramsci)

安東尼奧・葛蘭西是意大利共產黨的早期領導人，也是文化研究和批評理論的先驅。在他去世後的幾十年間，他作為後者的影響力遠遠超過他短暫一生中作為馬克思主義者的影響力。

- 1891 年出生於撒丁島阿萊斯，1937 年卒於意大利羅馬。

- 認識到國家管理中需要有工人階級的呼聲。

葛蘭西原本是社會主義者，但他在第一次世界大戰後建立了一個共產主義小組，並參加了意大利 1921 年總罷工。葛蘭西在莫斯科的共產國際逗留了 18 個月後，於 1924 年回到意大利領導自己的政黨。他於 1926 年不幸被捕，在監獄中和押送就醫的醫院裏度過了餘生。

在被關押的歲月中，葛蘭西詳盡地分析並闡述了導致馬克思主義革命成功的條件。他的分析之後以《獄中札記》（*Prison Letters*）為名出版，但直到「二戰」之後他的思想才得以廣泛傳播。葛蘭西發展了新的霸權理論，他把這個新理論應用於文化，以此闡釋從 17 世紀開始，整個歐洲大陸（晚些時候的美洲大陸）的思想交流如何為拿破崙鋪平了道路：

「每一部伏爾泰喜劇、每一本新冊子都像火花一樣沿着延伸到國家和地區之間的路線移動，所到之處都迎來同樣的支持者和反對者。拿破崙軍隊的刺刀發現，前進的道路早已

被一支由書籍和小冊子組成的無形軍隊所掃清。這支軍隊在18世紀上半葉從巴黎蜂擁而出，使人民和機構都已為必須的復興做好了準備。」

資本主義的後盾是盛行的資產階級文化霸權。葛蘭西認為，工人階級需要一種自己的國際性文化，以逐步消除目前對資產階級價值觀的認同感。他認為基督教是資產階級價值觀的基礎，他還認為羅馬教會忽略領受聖餐者的不同智力程度而把他們團結在一起的努力非常成功，他希望馬克思主義也能取得同樣的成功。

葛蘭西希望培養出工人階級的知識分子。他們能夠清晰地描述工人階級的經驗，從而為創造出工人階級的文化霸權做出貢獻。這個思想的重要貢獻部分在於葛蘭西對市民社會和政治社會的區分。他認為政治社會就是國家和法律，而市民社會包括經濟。顯然，兩者範圍雖有重疊，但政治社會側重武力，市民社會側重共識。他堅持認為，資產階級通過在政治領域向工人做出及時的讓步來維持對市民社會的控制，儘管這些讓步有時並不符合他們的直接經濟利益，他們也必須這樣去做。為了改變這種狀況，工人階級首先必須贏得市民社會的控制權，或至少在市民社會中贏得某種地位 —— 最終可能需要使用武力「運動戰」來奪取它。最終，政治社會將會變得多餘，而市民社會將能管理好自身。

約翰・羅爾斯 (John Rawls)

作為 20 世紀重要的政治哲學家，約翰・羅爾斯認為自由國家的首要責任是保衛個人的公民自由並允許權利勝過利益。他最重要的著作是《正義論》(*Theory of Justice*, 1971)。在一個崇尚政治極端的時代，許多人認為他找到了一條令人滿意的中間道路。

- 1921 年出生於美國馬里蘭州巴爾的摩市，2002 年卒於美國馬薩諸塞州列剋星敦市。

- 首批提出機會均等概念的政治家之一。

羅爾斯出生於美國巴爾的摩市。他相繼在幾所一流的美國大學任教，並在哈佛大學度過了教學生涯的最後 30 年。羅爾斯參加過「二戰」，並經歷了「冷戰」時期，他一直關注在平等概念的公平正義中個人自由如何實現，反對蘇聯式的共產主義和自由放任資本主義的需求。

羅爾斯反對實用主義，因為它不能反對多數人而保障少數人的權利。相反，羅爾斯把契約理論現代化了。他認為在群體中，如果每個成員都選擇忽視自己的出身(階級、種族或性別)，「理性」和「自利」將會產生兩個原則：第一，每個人擁有自由的程度應該與他人的自由相容；第二，社會和經濟上的不平等應該對處於最不利地位的人最有利，此時，一種機會平等的統治制度就得以推行。這樣一來，即使當群體成員意識到自身的出身並發現自己處於不利地位時，他們仍會接受自己的處境，因為他們此時已經明白這一切都是公平的。

羅爾斯不同於洛克等 18 世紀的前輩，他把財產排除在

個人自由之外。否則，個人自由就會包括所有我們熟悉的權利，例如思想自由、信教自由和結社自由。確實，財產不應包括在這些自由之中，因為即使為了福利或平等的利益，我們也不應該侵犯任何權利。他公式中的第二部分「差異原則」可能會強迫財富的重新分配，以符合最貧窮人群的利益。

羅爾斯反對蘇聯式的共產主義，認為它否認了基本的自由權利。他也反對自由放任的資本主義，因為財產分配的不公正導致了機會不均等。他認為，「一些人喪失自由」，永遠不會「由於其他人所享有的更大利益而變得正確」。

《正義論》出版20年後，羅爾斯修正了自己的觀點，這些修正使他對自由主義的辯護顯得更缺乏哲學性，而多了狹義的政治性，這種辯護基於互惠、尊重和公正，而非基於上帝或道德的觀念。他希望這能為「一種重疊的共識」提供基礎。

羅爾斯對福利資本主義的傾向和20世紀八九十年代收入差距的拉大感到失望，於是在他最後的著作《公平的正義：再陳述》（*Justice as Fairness: A Restatement*, 2001）一書中，羅爾斯暗示，他現在認為，只有提倡包括財產權的民主或者「市場社會主義」才能夠保證廣泛平等的政治制度，進而實現他所提倡的平等自由主義。

最理想的情況是公民將自己視為立法者，並自問制定哪些法令才是最合理的、這些法令該由哪些法理支持才能符合互惠的標準。

最理想的情況是公民將自己視為立法者，並自問制定哪些法令才是最合理的、這些法令該由哪些法理支持才能符合互惠的標準。

——羅爾斯

保守主義 (Conservatism)
和新保守主義 (Neoconservatism)

保守主義和新保守主義的關係並不是非常相近。保守主義者是實用主義的傳統主義者，尊重已有機構並容忍其承繼的地位。而新保守主義是 20 世紀的一種意識形態，是對美國 20 世紀 60 年代反主流文化運動的回應。在國際事務中，新保守主義的支持者通常被認為是向全世界輸出民主的鷹派。

　　保守主義更多情況下是指一種思想狀態，而非一套政治原則。在 18 世紀革命時期著書立說的埃德蒙・伯克首次承認並讚頌了傳統和已有文化的益處，並警告說試圖自上而下改變其中任何一個都會帶來危險。

　　伯克在支持某些新原則的同時，也捍衛已有的原則。在美洲殖民地反抗印花稅法的背景下，他主張法律應尊重法律所管轄的人們的脾性和風俗。如果整個民族都揭竿而起，則法律有可能是錯誤的。實用主義及對時機、環境的關注才是正確路線。

　　伯克在法國大革命的環境中才最有說服力。他公開譴責基於規則的「人權」，不僅因為它和文化或法國的經驗毫無有機聯繫，還因為它故意着手摧毀它們。

　　保守主義者認為人類不可能十全十美。因此，政府想要通過立法改善人類的努力是在浪費時間。抽象的概念是可憎

的。保守主義政黨通常和其奉行的宗教聯繫在一起——如德國基督教民主黨人。

保守主義還對立憲主義和傳統極為看重，這在 19 世紀的歐洲成為一個持續的反革命聯盟的基礎。這個聯盟逐漸和民族主義運動有了緊密的聯繫。

隨着社會主義的興起和自由主義的衰亡，保守主義開始關注一些自由主義的問題，並贏得了自由主義者的支持。它和自由主義關於「小」國家（政府儘量少干涉公民事務）的立場有着時斷時續的聯繫。保守主義也對一度屬於自由主義領域的個人自由問題顯示了極大的尊重。

美國總統林登・約翰遜（Lyndon B. Johnson）在 20 世紀 60 年代提出「大社會」的倡議，新保守主義的發展正是出於對該倡議的強烈抵制。約翰遜鼓勵加稅和更多的國家干預。但新保守主義抵制這一倡議的最主要原因在於由此可能引發的道德危機——社會混亂帶來威脅，一個充斥着性、避孕和流產的社會中道德準則必然遭到破壞。

新保守主義者認為，西方價值觀將會戰勝其他不民主的價值觀，因為那些價值觀建立的基礎是由缺乏經濟機會引發的貧困，而且宗教與國家間的聯繫過於緊密。據新保守主義者稱，世界民主化會帶來和平。

亞歷山大大帝 (Alexander the Great)

懷着對征服和科學研究的巨大熱情，亞歷山大大帝創建了第一個西方帝國並奠定了希臘化世界的基礎。羅馬帝國和之後的基督教世界都是在此基礎上建立的。

- 公元前 356 年出生於馬其頓首都佩拉，公元前 323 年卒於巴比倫。

- 第一個西方帝國的創始人。

亞歷山大大帝於公元前 336 年從父親腓力二世 (Philip II) 那裏繼承了馬其頓王位。在之後的 13 年間，他打敗了同時代最偉大的超級大國——波斯帝國，並征服了從埃及到印度之間的廣大地區。

從亞歷山大大帝的遺產中不難看出，他的目標遠不止隨意佔領幾個控制着古代貿易線路的城市，或是報復和羞辱令人厭煩的敵人。他去世前正在計劃一場新戰役，這場戰役能為他帶來整個地中海海岸的控制權。臨終之時他還建議：「各個城市應該合併在一起，亞歐應該互相交換奴隸和人力資源，並通過異族通婚和親朋好友間的聯繫，為這兩個最偉大的大陸帶來共同的和諧和家族間的友誼。」（不過這種雄心勃勃的自吹自擂可能只是用來掩飾他的帝國從屬於希臘文化這一事實的宣傳手段）

亞歷山大把君主制引入了西方世界。和希臘城邦的傳統相反，現在國王成了權威的唯一來源並站在權力金字塔的頂端。亞歷山大的繼任者們也必須和他一樣，擁有出類拔萃的軍事領導能力。由於軍隊人數通常有 8 萬人之多，戰爭已成為一項高度職業化的嚴肅事業。亞歷山大的繼任者們模

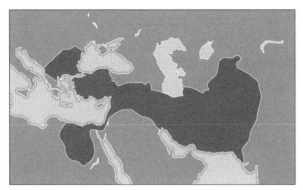

上圖：亞歷山大留下的是跨越大陸的文化和政治霸權，對他死後的幾個世紀都產生了深遠影響。

仿他，提出強迫追隨者服從的冷酷要求。亞歷山大離開建立的新城後，讓新城「特許經營」他的權威力量。這些城市仿照希臘的規範，由唯一的總督統治，總督行使經濟和文化霸權，不容任何反對意見。據說亞歷山大建立了 70 個城市，從索格底亞到坎大哈再到埃及，每個城市都以他的名字命名，並擁有體育館、寺廟、節慶設施和劇院，這一切都是擴大和維護希臘統治地位的工具。以埃及為例，儘管之前的文化傳統仍繼續存在，但在亞歷山大繼任者們用以統治的官僚體系中，這些傳統要想蓬勃發展，就必須希臘化。

除了對軍事的癡迷，亞歷山大的興趣還包括研究尼羅河泛濫的原因、為博物學編寫目錄和繪製新征服領土的地圖。希臘定居者們把他們的學識帶到了東方，並為東方的思想傳入西方打開了通道。亞歷山大在埃及的繼任者托勒密王朝見證了科學和學術研究的繁榮盛況。雖然亞歷山大帝國持續時間不長，但我們現在仍能看到他留下的文化遺產。

秦始皇

年幼即位的**嬴政**於公元前 221 年建立秦王朝，此前一百多年間，秦國早已攻佔並征服了周邊各國。**嬴政**成為秦始皇帝，即「秦王朝第一位至高無上的皇帝」。

- 約公元前 259 年出生於中國的秦國，公元前 210 年卒於中國的沙丘。

- 建立了中國歷史上第一個中央集權的國家。

秦國的勝利歸功於其高度發達的中央集權制度。秦國創立了一套嚴格並統一實施的法律體系，一開始在秦國疆域內執行，而後推廣到被秦攻佔的地方。全國共分為 41 個郡，每個郡都由一個官僚機構進行管理，每個官僚機構都由一批直接對中央負責的官員進行監管。

秦國還統一了文化：統一文字和度量衡標準。秦國廢除了封建特權，修建馳道以方便軍隊的調動。除有實用價值的書籍（如醫書）外，其他書籍均被焚燒，以防止反叛思想的出現 —— 這項舉動至今仍飽受爭議。

2000 年以來，大家都認為長城是這個強大卻短命的王朝最偉大的紀念碑。長城是一個防禦工程體系，由衛所和烽火台組成，並連接了某些已存在的防禦工事。它東起渤海，跨越內蒙古到達黃河，並最終綿延至現在的甘肅省。秦始皇懼怕死亡，因而在生前就開始建造巨大的陵墓。在 1975 年發現的秦始皇陵中，出土了 6000 個真人大小的兵馬俑，這些兵馬俑就是為了保衛位於宮殿群中心的墓地。

秦國為了秦始皇的建築工程，強行徵募成千上萬的勞

工，許多人死於途中；還徵收了巨額稅款，導致了動亂。秦始皇的帝國在他死後僅僅延續了 4 年。他對政府的理論很感興趣，據說他閱讀了韓非子的文章並讚賞有加。韓非子被認為是中國最偉大的法學家。他為自己和儒家學派（和儒家對於帝王美德的要求）的決裂而辯護，論證説歷史環境需要特定的政府形式：政治機構自然地反映了行為的不同形式，人類行為根據外部條件的變化而改變。

由於人們生活在蕭條的時代（可能由皇帝實施的稅制而引起），因此會爭吵不休，並需要能夠推行秩序的帝王：帝王不需要使人民變得善良，只需防止人民帶來害處。人們由於自私自利、幼稚無知，不可能意識到自身的利益所在，所以帝王想要贏得他們的歡心是徒勞的。

> 他使法律超越了利益，並且從不做出武斷的裁決。
>
> ——韓非子

秦始皇的主要政治主張就是只要帝王擁有權威，就有權要求服從，儘管帝王可能被認為不配受到尊重。忠君是最高義務，高於士兵孝順父親的義務。秦始皇還必須嚴密注意行政管理者的效率問題，並防止他們濫用權力或濫竽充數。秦始皇沒有人可以信任，必須防止任何人比其他人獲得更大的影響力；為了揭露反對他的陰謀，他還必須足夠狡猾、機智。

尤利烏斯・愷撒

(Julius Caesar)

尤利烏斯・愷撒的軍事和政治成就為一個持續了 500 年的帝國奠定了基礎。他是一位天才的領袖、傑出的政治家、羅馬首批歷史學家之一，同時也是羅馬共和國的終結者。

- 公元前 100 年出生於意大利羅馬，公元前 44 年卒於意大利羅馬。

- 為一個長治久安的羅馬帝國鋪平了道路。

愷撒作為軍事領袖，其軍事生涯總能為他提供戰利品和地位，助其追求其政治野心：重新組織並建立希臘羅馬的世界來保障穩定和繁榮。他的靈感源於亞歷山大大帝，而他的政策注重所佔領土的羅馬化，例如把新征服領土上的土地無償贈與軍隊的老兵。這使羅馬共和國後來成為了羅馬帝國。

愷撒和龐貝（Pompey）結成聯盟，並於公元前 65 年開始負責處理羅馬的政治及其他事務。這使他有機會大肆花費，以追求公眾知名度。公元前 62 年，愷撒成為羅馬大法官，這是僅次於執政官的高級職位。但沉重的債務迫使他到西班牙進行軍事遠征。公元前 59 年，他回到羅馬並成為羅馬三大執政官之一。

通過與龐貝及財政支持者克拉蘇（Crassus）結盟，愷撒出任高盧總督。他在公元前 58 年到公元前 50 年間取得的成功（其中包括領導軍隊向英國發起首輪進攻），成為他在羅馬進一步實現政治野心的資本，並鞏固了他和龐貝的聯盟。龐貝趁

他不在羅馬時大肆攬權。到了公元前 49 年 1 月，愷撒已經取得了所有意大利軍隊的控制權。愷撒拒絕遵從議會的要求放下武器，他橫渡羅馬境外的盧比孔河，發動了內戰。在內戰中，愷撒顯示出驚人的軍事耐力和領導能力。內戰的結果是龐貝被殺且其在西班牙的支持者也被打敗，而愷撒征服了安納托利亞和埃及的部分領土。但在埃及，愷撒被「埃及艷后」（Cleopatra）的魅力所征服。

可以這麼說，為了把羅馬從龐貝的獨裁統治中解救出來，愷撒不得不運用專政的權力。雖然他的敵人們指責他尋求這種權力是為自己的目的服務，但在他行使權力的少數幾個月內，他的行為顯示他決心要恢復誠實有序的行政管理。他所關注的是合理化：曆法的合理化、法律的合理化、度量衡的合理化。他還規定了羅馬殖民地政府的標準形態，恢復了諸如迦太基、科林斯等落敗城市的權利，並為老兵和羅馬日益增多的城市

> 好事入泥沙，壞事傳千古。
> ——莎士比亞《尤利烏斯·愷撒》

無產階級提供土地等附加福利。雖然愷撒對待北歐的「野蠻人」冷酷無情，但對待被他擊敗的對手卻十分慷慨大度。他使得往來於羅馬殖民地的許多外國人也能享受公民權利。

愷撒通過廣泛寫作來提高自身形象，並為他的事業辯護。歐洲的民主理論家們之後抨擊他破壞了羅馬民選政府的最後遺跡。愷撒的成功之處在於建立了一個強有力的政府體系，這個體系幫助建立並維護了未來的羅馬帝國，並使得愷撒的聲譽在 2000 年之後的西方思想體系中永垂不朽。

查理曼 (Charlemagne)

查理曼建立的帝國從西班牙北部延伸至多瑙河沿岸，為一個強大的基督教世界奠定了基礎，使它能抵抗來自南方的穆斯林侵略和北方「野蠻人」侵略的威脅。查理曼帝國在名義上至少存在了 1000 年，並且自那時起，復興帝國的理想就一直激勵着民族主義者和獨裁者。

- 747 年出生於法國，818 年卒於德國亞琛。

- 創建了一個統一的基督教歐洲帝國。

法蘭克國王傳統上依靠軍事力量來維護統治權力，查理曼大帝也不例外。但令人異常震驚並肅然起敬的是他發動戰爭是出於推廣基督教這一新目的。經過 30 年的戰爭並最終擊敗了撒克遜人之後，查理曼用武力脅迫他們全體改信基督教。在擊敗多瑙河東岸的弗里生人和斯拉夫人之後也是如此。他還征服了意大利北部地區，並永久地解除了倫巴德人對於羅馬教皇的威脅。

建立一個巨大的王國是一回事；但現在的挑戰在於如何在民族、習俗和語言各異的統治範圍內維持權威。武器之一是一支由自由人組成的軍隊。查理曼將新征服的土地贈與軍隊的官兵作為獎賞，並每年邀請他們參加集會。在集會上，查理曼可以聽取他們的申訴，而他們也向查理曼發誓效忠。另一個武器是處於萌芽狀態的教會官僚體制。他從前輩那裏繼承了該體制，並不斷加以充實和鞏固。查理曼還使度量衡合理化和標準化，並利用外交手段擴大貿易。

教會官僚體制日益成為查理曼行政管理體系的一部分。

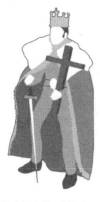

左圖：查理曼巧妙利用精神權威的外衣來加強自己的政治權力。

查理曼把精神權威作為一種世俗手段：他和他的官員們成為神職人員的標準，同時也是傳統習俗和教會財產的監護者，並控制了主教和修道院院長的任命權，該任命權之前掌握在教會手中。

　　查理曼還監督了一場文化的「復興」，這也許是他最重要的貢獻。這次文化復興體現在他修建的教堂和圖書館的建築風格上。修建這些建築不僅可以用來傳播基督教教義，還可以重新發現希臘和羅馬時期的著作。幾乎消亡的經文和學科因此得以復活，這為文藝復興打下了基礎。

　　查理曼於公元 800 年去了羅馬。在那裏，羅馬教皇立奧三世（Pope Leo III）的行為已引起了叛亂。立奧三世為查理曼所救。之後，教皇加冕查理曼為皇帝，在賦予他神授王權的同時要求他承擔起保護教皇的責任。人們對教皇這種行為的動因仍有爭議。

　　公元 813 年，查理曼為自己唯一活下來的兒子 —— 虔誠者路易（Louis the Pious）加冕，使他成為基督教帝國的皇帝。但世俗權力對於精神力量的勝利並未延續到查理曼的統治之後，內戰隨即爆發。1157 年，除德國以外，其他領土都被併入了羅馬神聖帝國。

成吉思汗

作為一個蒙古游牧部落的成員，成吉思汗建立了一個帝國。在帝國最強盛的時期，它的疆域從太平洋延伸至亞得里亞海，是史上最大的領土相連的帝國，而在當代的地區政治中仍能感受到其帝國的影響力。

- 約 1162 年出生於蒙古，卒於 1227 年，地點不詳。

- 利用軍事戰略和人們的恐懼心理，建立了世界上最大的領土相連的帝國。

成吉思汗最初的名字叫鐵木真，出生於一個蒙古家庭，他的家庭有着根深蒂固的游牧傳統。他真正的身世鮮為人知，其生平記錄主要來源於《蒙古秘史》一書，但顯而易見，其中宣傳的成分居多。

據説鐵木真以其極具魅力的個性影響了許多人。他親自率領一支擁有強大盟軍的兩萬人軍隊，並通過戰勝蒙古各部落首領、招降其部下的方式開始了統一蒙古的進程。1206 年，他被世人稱作「世界統治者」，即成吉思汗。

在保障了根據地的安全之後，成吉思汗準備跨越新的國界，征服其他民族。整個國家成了戰爭工具，人民被組織起來為軍隊提供給養和支持，忠誠的將士會被提拔為官員。蒙古軍隊起初由騎兵組成，騎兵騎着吃苦耐勞的蒙古馬，非常適於快速的突襲和戰利品的轉移。但當成吉思汗遇到文明程度更高的對手時，他會迅速研製出更先進的攻城武器。

成吉思汗很可能學會了讀寫：正是在這個時期首次出現了書面蒙古語。或許他只是意識到了文化修養的用處，並從

顧問那裏學到了可以替代戰利品的另一種收入來源——對被征服地區的貿易、農業、工匠和生產者徵稅。

1215年，在進行了4年的戰爭之後，成吉思汗攻克了北京，隨後向西方和南方進軍，進攻花剌子模帝國，即現在的伊朗。因為受他保護的一些商人被人謀殺，他為了報仇而發動了一場異常殘酷的戰爭。在這場戰爭中，他的軍隊對整座城鎮進行了無情的屠殺，摧毀了無數花園和水利工程。在之後的幾百年間，帝國得到了擴張和鞏固。最終，它的疆域包括了整個中國，而在東歐，所謂的金帳汗國引起的挑戰影響了俄國政治的發展。

成吉思汗的卓越成就不僅來自於軍事技能和組織能力，也來自於他對人們的恐懼心理的利用。這種恐懼心理是毀滅性的，能使整座城市不戰而降。據說他的軍隊發明了包括使用信鴿在內的有效通訊方式，使整個帝國緊密團結在中央的周圍。帝國還逐漸參與了區域貿易。

成吉思汗已經成為現代蒙古最偉大的英雄；他在蘇聯時期被視為蒙古反抗人物的代表，並從那時起成為民族復興的象徵。

> (成吉思汗)具有過人的精力、智力、鑒別力和理解力。他令人畏懼，是一個公平、堅定的戰士和無畏的征服者。
>
> ── 朱外尼
> (Minhaj al—Siraj Juzjani)
> (同時代編年史家)

薩拉丁 (Saladin)

薩拉丁收復了之前被十字軍國王們佔領的耶路撒冷和阿拉伯的大部分地區，並使其成為短命的阿尤布王朝的基地。他是一個虔誠的穆斯林教徒和狂熱的聖戰主義者，因其在戰爭中的騎士精神、在勝利時的仁慈和對人民的慷慨而聞名。據稱，他的慷慨大度使他的遺產不足以支付他去世時的葬禮費用。

- 1137 年出生於伊拉克的提克里特，1193 年卒於敘利亞的大馬士革。

- 收復被十字軍國王們奪取的耶路撒冷，使其重新恢復穆斯林信仰。

薩拉丁全名為薩拉丁・尤素福・本・阿尤布（Salah al–Din Usuf ibn Ayyub）。他是庫爾德人，父親那代移民到了今敘利亞境內的阿勒頗。阿勒頗恰好位於十字軍領地的東部邊境之外，而這片有爭議的領地位於阿拉伯的地中海沿岸地區。薩拉丁在青年時代就學習了與基督徒作戰的軍事技能。

敘利亞的統治者、驍勇的武士努爾丁（Nureddin）不僅動員當地民眾幫助進行反抗基督教侵略者的聖戰，還是薩拉丁的宗主。他幫助薩拉丁於 1171 年奪取了埃及的王位。薩拉丁手段精明，他首先爭取到大多數埃及人的支持，而後通過恢復遜尼派信仰來壓制什葉派的常備軍。在一個 200 年來缺少強有力統治者的國家裏，他着手恢復穩定，復興經濟。

薩拉丁逐漸成為了努爾丁的對手，並把十字軍國家作為自己和敘利亞之間的緩衝器。當努爾丁於 1174 年去世後，薩拉丁在埃及農業財富的財政支持下，向大馬士革進軍。他

在大馬士革受到了歡迎，但之後不久，他圍攻阿勒頗失利，並差點被著名的敘利亞殺手集團阿薩欣派謀殺。

反對基督徒的戰爭仍在時斷時續地進行。薩拉丁的首要目標是保證穆斯林在今伊拉克北部、巴勒斯坦和埃及的領土安全。自先知穆罕默德去世後的 500 年裏，穆斯林教徒大多處於痛苦的分裂狀態，並缺乏曾經使他們擁有偉大力量的熱情，而薩拉丁顯而易見的宗教熱誠、對個人榮耀的淡漠和作為統治者的慷慨大度深深吸引了穆斯林教徒。

1187 年，薩拉丁在巴勒斯坦北部的海廷與第二次東征的十字軍作戰，並取得了偉大的勝利。他隨後對許多基督教俘虜處以斬首的極刑。他沒有攻下提爾城，但他的軍隊攻佔了地中海沿岸的大部分城市，並在 3 個月之後收復了被十字軍佔領了 88 年的耶路撒冷。耶路撒冷的收復引發了由獅心王理查（Richard the Lionheart）領軍的第三次十字軍東征。理查與薩拉丁的對壘是在雙方都對彼此懷有崇高敬意的氣氛中進行的（理查在某一階段曾提議他的姐姐與薩拉丁的兒子進行王室聯姻）。而據記載，薩拉丁很有騎士風度，他在理查的馬被殺後送去兩匹馬，在理查患病後送去水果作禮物，並讓自己的醫生為理查服務。

就像之前的查理曼一樣，薩拉丁能夠利用宗教的外衣來加強自己的政治權力；但和查理曼不同的是，薩拉丁把這種權力用於宗教事業。他與十字軍之間的較量顯示出他的動機是傳播伊斯蘭教和穆斯林習俗。他在所到之處留下了清真寺、學校和新書來提倡聖戰。

> 要使世界擺脫任何不信真主的人，不成功便成仁。
>
> ——薩拉丁·伊本·沙達德（Baha ad—Din）記錄

斐迪南 (Ferdinard)
和伊莎貝拉 (Isabella)

阿拉貢的斐迪南二世和卡斯蒂利亞的伊莎貝拉一世通過婚姻統一了西班牙的這兩個王國，而天主教激進派鞏固了這種聯合。他們不但統一了西班牙，還贊助了克里斯托弗·哥倫布（Christopher Columbus）尋找新世界的航行，教皇因此授予他們「天主教君主」的稱號。

- 斐迪南 1452 年出生於西班牙的阿拉貢，1516 年卒於西班牙的馬德里加萊霍。伊莎貝拉一世：1451 年出生於西班牙的卡斯蒂利亞，1504 年卒於西班牙的梅迪納坎波城。

- 700 年來首次把西班牙統一為一個王國。

西班牙之前由於長期內戰而滿目瘡痍，因而對於斐迪南和伊莎貝拉而言，他們婚姻初期的當務之急在於繼承並鞏固王位。輝煌的軍事勝利是提高自身領袖地位並使蠢蠢欲動的貴族們忙碌起來的一種方式。斐迪南領導了與格拉納達的摩爾人的戰役，這場戰役進一步確立了基督教徒對穆斯林的優勢。

起初斐迪南和伊莎貝拉遵循了允許摩爾人宗教自由的傳統做法。阿拉貢王國 1/5 的人口仍舊是穆斯林，近 1/3 的人口據官方記錄皈依了天主教，但私下通常繼續信奉原來的宗教。但是伊莎貝拉決定強迫大眾改變信仰，而天主教變成了一種工具，通常用於對內鞏固君主地位和對外執行擴張主義政策。

因此，確保非基督教民眾真正皈依天主教的法庭——「宗

教裁判所」建立了。作為一個皇家法庭,而非教會法庭,它不能向羅馬教廷上訴。這是天主教君主把教會變成工具的一系列奪權行為的開始。宗教審判所為維護國王的利益任意裁判,引發恐懼,這使其成為濫用權力的代名詞。馬基雅維利對此非常熟悉,並多次在《君主論》中提到斐迪南,把他作為擁有實權的君主典型。

但是,與查理曼和薩拉丁不同的是,斐迪南和伊莎貝拉利用宗教力量獲得政治利益的企圖並不總是成功的。第一任宗教裁判所大法官托爾克馬達於1492 年促成了猶太人被驅逐出境的決議。雖然此舉通過猶太人財產充公為國家提供了寶貴的收入來源,實際上卻使西班牙失去了受過教育、擁有技能的城市中產階級。同時,雖然斐迪南和伊莎貝拉通過行政管理現代化,成功控制並明顯壓制了卡斯蒂利亞之前強大的貴族階層,但並未影響到貴族對經濟的控制。這兩個因素使得西班牙在面臨歐洲各國日益激烈的競爭時不太可能充分發展自身經濟。

擴張主義

(Expansionism):
根據這個理論,一個國家通常試圖通過軍事侵略擴張其版圖。美洲新大陸的發現使攫取新財富和新領土的競爭變得極為激烈。在現代社會,擴張主義通常的表現形式是通過操縱市場來擴大國家經濟的權力基礎。

不過,西班牙的持久穩定並不靠國內經濟的發展,而是哥倫布的探索航行。這為西班牙發現了「新世界」。哥倫布計劃通過這些偉大的航行找到通往東方的海上線路,而斐迪南和伊莎貝拉於 1492 年贊助了其中的第一次航行。在斐迪南和伊莎貝拉所有的政治謀劃中,關於探險和征服的理論使西班牙成為一個富有的國家,並為現代世界留下了不朽的遺產。

殖民主義 (Colonialism)

殖民主義是指一個國家把主權強加於另一個國家及隨之而來的對原住民的征服和取代。

在大多數時期,殖民主義的動機在於促進貿易。次要是打擊海盜、鎮壓敵國或僅僅是防止敵對國家獲得立足點。在 19 世紀很短的一段時期內,它甚至有一個符合道義的目的——把自認更為優越的西方文化傳播到南方的原始民族。

從殖民時期初期開始,殖民化就意味着用殖民者的文化來取代原住民文化。方法可能是用更為複雜的體系來取代原有的行政管理體系、增稅及執行和平政策。

在重商主義時期,殖民主義意味着尋求對原材料和市場的壟斷及徵收保護性的高額關稅。19 世紀早期,在經歷了 200 年的重商主義之後,英國的工業發展激起了人們對自由貿易的渴望,並成為新時期殖民主義 – 帝國主義的導火索。自由貿易更有競爭力,並需要更複雜的供應體系和更大的市場。殖民地的開發變得更為頻繁,政府也更密切地參與其中。

同時,從歐洲到美洲新大陸的移民人數急劇增長。1820 年到 1920 年間,約有 5500 萬歐洲人為了逃避貧困和迫害、追求自由和繁榮而移民,而在此期間,美國也見證了國內由東至西的最大移民潮和殖民化過程。

技術上的差距使征服原住民變得更為簡單:原住民的弓箭根本不能和歐美的槍支相提並論。當不可能或不方便進行征服時,通常會把原住民圈禁在保留地內。在世界的其他地

方，例如印度，殖民者培養了一批願意合作的精英，在鼓勵他們吸收西方文明的同時，也不斷耀武揚威地恐嚇他們。到了 19 世紀末 20 世紀初，人種論學者和社會達爾文主義者宣稱，他們為西方民族的優越性找到了科學依據。

自由派評論家和激進評論家開始研究一個種族想要取得有利地位的經濟動機。1902 年，約翰・阿特金森・霍布森（J. A. Hobson）在《帝國主義研究》（*Imperialism, a Study*）一書中指出，帝國主義是失控的市場所產生的結果。如果沒有資本主義作為其「經濟根源」，帝國主義在經濟上最多保持中立。

霍布森作為一個進步的自由主義者和社會改革的倡導者，把對殖民地的狂熱詮釋作為對過於有限的國內市場和工業上缺乏競爭的回應。列寧在 1916 年撰寫的文章中闡述了類似的觀點，他認為帝國主義是資本主義發展到了壟斷程度並被金融資本所控制後的階段，既是最高階段，也是最終階段。帝國主義不但塑造了自身的經濟環境，還通過發動帝國主義戰爭充分滿足了對市場的需求。

第一次世界大戰之後，約瑟夫・熊彼特（Joseph Schumpeter）提出了 20 世紀最有影響力的論點：資本主義只有在和平和自由貿易的條件下才能得到最充分的發展，壟斷和帝國主義是資本主義的敵人。

到 1945 年，對歐洲來說，保衛帝國制度這項任務要付出的代價已變得過於昂貴。帝國消亡的速度令人驚異：僅僅在一代人的時間內就只剩下了一個帝國主義堡壘，取而代之的是「軟性」帝國主義，即武力、經濟和文化方面的超級大國。

伊麗莎白一世 (Elizabeth I)

伊麗莎白女王 1558 年即位，在位 45 年後去世，是英國黃金時代的代名詞。在她統治期間，文學天才輩出，經濟繁榮昌盛，個人英雄主義盛行，軍事上勝利頻頻，這些都預示了大英帝國的崛起。

- 1533 年出生於英格蘭倫敦，1603 年卒於英格蘭里士滿。

- 在執政的 45 年間，緩和了宗教矛盾並擊敗了王位的競爭對手。

都鐸王朝的最後一位統治者伊麗莎白繼她姐姐瑪麗之後登上王位。即位之時，她的統治看上去很可能是短暫而血腥的。宗教對立、王位爭奪和叛亂都在醞釀之中。但是伊麗莎白受過良好教育，能說流利的法語和意大利語，而且從頭飾最頂端的珠寶直到腳趾尖都充滿了政治家的智慧，這使她戰勝了所有困難。

在政治方面，她得到了都鐸王朝關於王權觀念的幫助。該觀念認為君王擁有神授權力並通過議會進行統治，而議會被認為代表了所有的臣民（不過這不切實際）。議會可用來安撫蠢蠢欲動的貴族和擁有土地的豪紳，他們通常負責在擁有的土地上維護尊嚴、法律和秩序。經濟生活和社會生活必須受到嚴格的規範。國家存在的目的在於救贖靈魂，而不是為社會的繁榮提供環境。

在國內，伊麗莎白首先恢復了一定程度的宗教寬容（「我將不會深入探究他人的靈魂」），並與天主教徒和新教徒達成了協議、做出了讓步。但兩派教徒中都有許多人非常不滿，其不滿程度足以動搖她當政初期和末期的統治地位。天主教

徒不斷挑戰伊麗莎白統治的合法性，並進一步宣稱伊麗莎白的表妹——蘇格蘭的瑪麗女王（Mary Queen of Scots）才是王位的合法繼承者。伊麗莎白策劃了幾個事件（最後那個事件很有可能被誇大了），最終於 1587 年 2 月處死了瑪麗。

瑪麗死後，伊麗莎白支持新教徒反抗西班牙在荷蘭的統治，伊麗莎白的兩個海軍英雄弗朗西斯・德雷克爵士（Sir Francis Drake）和約翰・霍金斯（John Hawkins）經常進行海盜式劫掠，成為了英國與西班牙戰爭的最終導火索。西班牙菲利普二世準備進軍英國的艦隊包括 130 艘西班牙大帆船，而英國艦隊則包括 200 艘更為靈活機動的較小船隻。在大西洋暴風雨的幫助下，英國艦隊打敗了西班牙的「無敵艦隊」。

伊麗莎白把英國人民聚集起來反抗侵略者，並充分利用這個榮耀的時刻，使這場政治戲劇為她所用。她穿着童貞女王的白裙和盔甲去了蒂爾伯里，對集結在那裏的軍隊發表演説。「我知道我有一個弱不禁風的女子身體」，她在演説中宣稱，「但我也有一個國王，並且是一個英國國王的雄心和胸襟」。

> 我知道我有一個弱不禁風的女子身體，但我也有一個國王——一個英國國王的雄心和胸襟。
> ——伊麗莎白一世

英國的海外成就包括對戰利品無止境的渴求、貿易線路和即將征服的新大陸，這些為英國在 300 年後成為帝國奠定了基礎。在此期間，東印度公司成立，英國在北美的第一批殖民地建立，但 17 世紀危機的萌芽也出現了：議會權力日益增長，城市中產階級開始發展，君權神授的觀念受到挑戰。也許正因為之後一個世紀的混亂，才使歷史上的伊麗莎白成為同時代的文學界仰慕者筆下描繪的「榮光女王」。

阿克巴大帝 (Akbar the Great)

阿克巴大帝是印度北部莫臥兒王朝最偉大的皇帝。在他
所處的時代，龐大的宗教國家比比皆是，而他實施的持久
的行政管理則以宗教寬容而聞名。

阿克巴的祖先可以追溯到成吉思汗（Genghis
Khan）及波斯和埃及的征服者帖木爾（Timor or
Tamerlane）。阿克巴的祖父於 1526 年征服了印度
北部，但當父親去世（據說他的父親並非死於戰
爭，而是從圖書館的台階上墜落身亡）而阿克巴
於 13 歲繼位時，他已喪失了大部分所得利益。因
此，戰爭是他統治時期最重要的特色。但阿克巴
和祖先們不同：只要被他打敗的印度王公承認他
的統治權，他就以禮相待，敬重有加。

> ● 1524 年出生於印度
> 烏馬科特，1605 年
> 卒於印度阿格拉。
>
> ● 建立了持續二百多
> 年的行政管理體系。

作為一個什葉派穆斯林，阿克巴對政府的態
度深受其信仰的影響。他相信自己是伊瑪目，是
正義的統治者和真主神聖之光的接收者，就像柏拉圖描述的
「哲學家王」一樣，理應因為智慧和學識受人遵從。但是阿克
巴的臣民主要是印度教教徒，還有很大部分信奉耆那教、拜
火教、猶太教和基督教，伊斯蘭教教徒只是少數。出於實用
主義的需要，他必須建立一個承認差異、提倡包容的體制，
而不能像天主教統治的西班牙那樣，建立宗教裁判所來試圖
強制實行宗教統一。

其他的伊斯蘭國家害怕人民與其他宗教接觸而引起信仰

動搖，所以試圖強制改變人民的宗教信仰，但是阿克巴卻能夠為自己奉行的體制找到宗教上的合理依據。普遍寬容原則可以和伊瑪目體制的理論一起來作為辯護依據，從而制定出有益於世俗和平與繁榮的決策。阿克巴廢除了特別針對非穆斯林的稅收，因為他決心做一個柏拉圖哲學意義上的公正國王，為此還廢除了奴隸制和焚祭寡婦的陋習。

阿克巴聞名於世的還有其奢華的宮廷和對藝術發展的大力支持。他非常注重宗教和諧，因而在與所有宗教知識淵博的代表們進行了一系列辯論之後，他發展了自己的「泛神論宗教」。這種宗教不想吸引也不需要很多的擁護者。

但是，阿克巴也把自己看做一個虔誠的穆斯林，並建造了心目中的理想城市——法塔赫布爾西格里，將它作為伊斯蘭教在塵世的代表、和諧的標誌，它不僅反映了伊斯蘭教的藝術風格，還反映了印度和歐洲的藝術風格。不幸的是，由於缺乏水源，這座城市在阿克巴去世後不久就被廢棄。

阿克巴發展了一種複雜的互惠互利體制，把士兵、行政管理者與自己的權威直接聯繫起來。他引入了省督制度，省督後來被稱為納瓦布，和民政官、記賬員一起工作。他設計了極為有效的行政管理體系來管理帝國、徵收稅款、維護和平，並徹底擊敗不安分的子孫和僕役。二百多年後，這個體系仍是英國在印度進行行政管理的基礎。

拿破崙・波拿巴

(Napoléon Bonaparte)

拿破崙・波拿巴作為法國皇帝（1804–1815），以查理曼大帝為榜樣，並在歐洲大陸傳播法國大革命的理想。他留給世人的是對民族國家的普遍信仰，而在他之後的150年間，這個信仰不僅對歐洲影響深遠，也對世界產生了巨大的影響。在法國，他留給世人的包括中央集權的行政管理體系、法律體系、司法制度和教育體系，這些遺產把革命提倡的各種自由權利奉為圭臬，其中的大部分一直保留至今。

- 1769年出生於科西嘉島的阿雅克肖，1821年卒於聖赫勒拿島。

- 在法國建立了一個持久的、中央集權的行政管理體系。

拿破崙出生於法屬科西嘉島。他的家庭原籍意大利，但拿破崙被送到法國接受教育。他在軍事學院的學習生涯乏善可陳，但他在當時就已廣泛閱讀了伏爾泰、盧梭和百科全書派學者的著作，並發表了支持法國進行激進改革的文章。他平定了1795年的保皇黨叛亂，成為共和國的救星，在法國國內聲名鵲起；而後他迅速成為巴黎衛戍司令，之後又成為意大利軍團的總司令，從而開始了一連串的征服之戰。

拿破崙在所到之處積極推廣法國大革命的理想，從而激起了保守政權的仇恨。在法國，他成為法蘭西第一共和國的第一任執政官，把法國的邊界擴展到萊茵河岸、阿爾卑斯山脈和比利牛斯山，之後，又於1804年成為「法蘭西第一帝國」的第一位皇帝。兩次任命都由公民投票表決：這是人民的呼聲。

拿破崙在 1805 年的特拉法加海戰中失利。短暫的和平期後，他於 1812 年向俄國進軍。這次的慘敗是災難性的。他於 1814 年被流放到厄爾巴島，1815 年又回到巴黎，但在滑鐵盧遭遇了最終的失敗。

在法國，拿破崙基本上根據伏爾泰和盧梭等哲學家的觀點改造了國內的行政管理體系。1790 年，他開始對法律進行重大改革並編纂法典，這就是在法國沿用至今的《拿破崙法典》(Code Napoléon)。這部於 1804 年頒佈的法典保障個人自由、言論自由和信仰自由以及在法律面前的平等權利。

拿破崙通過地方行政長官制度來實行中央集權，這些地方行政長官也是單個部門的負責人。他建立了法官終身任職的獨立司法系統，創立了國民銀行，即法蘭西銀行。他最激進的改革行動之一是中學教育由國家負責，這和 18 世紀的啟蒙運動者的提議一樣。

我的生活真像一本小説呀！

——拿破崙

儘管拿破崙對宗教毫無興趣，但他仍然支持 1801 年的政教協定，使後革命時期的法國和教皇之間達成和解。國家變得完全世俗化了（所以當他被加冕為皇帝時，他在最後時刻從教皇手中奪過了皇冠），禮拜的自由得到了保障，而教皇也同意國家徵收教會財產。

可以這麼説，拿破崙對民族主義思想發展所作的貢獻並不那麼直接。但是，法國大革命和由此帶來的國家邊界的重新劃定卻告訴人們，政治版圖並不像看上去那樣堅不可摧。

民族主義 (Nationalism)

在傳統意義上，民族主義哲學一方面要求個人對單一民族國家的效忠，另一方面也為個人提供了身份。民族主義是一種排外的意識形態。經過不斷演化，到 21 世紀，單一民族國家已經不復存在，取而代之的是效忠於同一宗教或者民族的人們的集結地，而這種民族主義式的團結又超越了傳統的疆域概念。

「單一民族國家」這一觀念猶如一道分水嶺，瓦解了 19 世紀那些集權化的大帝國。這些帝國從哈布斯堡王朝到奧斯曼帝國，再到最後的大英帝國。自羅馬時代以來，效忠就是狹義和廣義的結合：一方面效忠於封建領主，另一方面效忠於神聖羅馬帝王。

民族主義的起源可以追溯到英國的改良運動，當時的英國宣揚在擺脫羅馬統治之後獲得的獨立自由這一身份，與其他還在受奴役的國家形成了鮮明反差。而在 16 世紀，來自信奉東正教的西班牙的威脅又助推了這一潮流。

在歐洲，本着自由之名的拿破崙運動觸動了效忠的觀念，人們為此放鬆了原本對君主的效忠，而此時殘暴的君主已經被拿破崙廢黜。隨後，對於拿破崙的反抗又促生了人們在領土、文化及語言層面新的效忠意識，這種意識與盧梭的人民主權論和「民族意志」相結合，逐步演變為 19 世紀後期強大的政治武器。

國民身份的確立，或者說國民身份的發現，對於隨之而

來的民族主義鬥爭而言至關重要。古老習俗或文學的浪漫再現、原本被鎮壓的語言得以復位以及對於民族出身的重視，這些都會是誘因之一，而宗教雖然並非總是誘因，但卻經常夾雜其中。

1919 年，《凡爾賽條約》的簽訂賦予了東歐諸國獨立國家的地位，從而徹底瓦解了歐洲帝國，然而此後，民族主義與生俱來的劣根性削弱了歐洲和平。希特勒承諾，要在德國被往屆領袖背叛之後重新恢復德國的強大，從而得以執政德國。之後，希特勒充分利用德國人的文化身份，為自己在萊茵區、奧地利及捷克斯洛伐克的領土擴張野心和導致「二戰」大屠殺的法西斯政策開脫。

民族主義在歐洲遭到質疑，卻為反殖民主義運動帶來了莫大鼓舞。印度獨立運動中奉行的領土民族主義引發了穆斯林國家巴基斯坦的宗教民族主義，並促使其脫離奉印度教為國教的印度。

自反殖民主義運動以來，民族主義重返美國，成為轟轟烈烈的黑人民權運動的主導思想。如今，宗教民族主義對全世界穆斯林少數民族都具有重大影響。

在這樣一個貿易全球化、移民規模化和懼怕恐怖主義的時代背景下，西方國家，尤其是那些曾經的殖民主義國家，正千方百計地宣揚一種無關共同歷史、宗教或文化的民族身份，這樣的民族身份對所有人開放，從而避免因成為局外人而引發的極端主義。

葉卡捷琳娜女皇
(Catherine the Great)

葉卡捷琳娜在位期間（1762-1796），將俄國領土擴張到黑海及歐洲中部。作為伏爾泰和盧梭的學生，她以自由派即位，卻以保守派和獨裁者的聲譽告終。她提出的改革不過是為了鞏固她個人及貴族對於平民的控制，她的擴張政策似乎也加深了歐洲各國的衝突。

- 1729 年出生於普魯士斯德丁，1796 年卒於俄國聖彼得堡。

- 統治俄國長達 30 年並執行嚴厲的擴張政策。

葉卡捷琳娜出身於德國一個小貴族家庭，家裏擁有較好的社會關係。葉卡捷琳娜原本默默無聞，彼得大帝之女伊麗莎白使她脫穎而出，並把她許配給自己那沒有出息亦名彼得的兒子。葉卡捷琳娜因她思想落後、酗酒無能的丈夫而成為皇室的笑柄，忍受了 18 年的屈辱。她私下自修與現代王權執政有關的教育，企圖取代她的丈夫成為統治者。

伊麗莎白去世後，彼得繼位，但很快就導致朝廷不和。葉卡捷琳娜利用軍隊的支持，迅速地篡奪了彼得的王位。她以改革之名，沒收了東正教教堂的財產，解決了皇室金融危機。她與歐洲主要帝國保持良好關係，以穩定西部邊界的和平，同時，又着手準備南方邊界的戰爭。

奧斯曼帝國（也叫土耳其帝國）是俄國通往黑海和地中海水域的障礙，因此葉卡捷琳娜發動戰爭，擊敗了土耳其。

隨後，在 1775 年，她在俄國國內很快平息了哥薩克人普加喬夫領導的暴動，普加喬夫試圖以葉卡捷琳娜死去丈夫之名奪回王位。這次暴動也完全打消了葉卡捷琳娜想將自由主義引進她封建統治的最初想法。她的革命性憲政改革提案在法國刊登時已鬧得沸沸揚揚，更不可能在俄國實施。在俄國，農奴是擁有土地的貴族致富的原材料。農奴不僅被奴役，而且變本加厲地被奴役。而此時，農奴制實際上已經擴展到烏克蘭。

葉卡捷琳娜利用皇庭的莊嚴來強化自己權力的至上權威。她宣稱自己為「全俄國之母」，並運用一切藝術和技巧為她的政權套上近乎神秘的光環，這套宣傳也為當時的外國統治者所青睞。

> 離開了萬國萬民的支持，權力等於零。
> ──葉卡捷琳娜

但是，革命的陰影開始在歐洲蔓延。葉卡捷琳娜強烈反對 1789 年法國的革命事件。正如她預期的那樣，改革的需求迅速蔓延到波蘭，這個國家曾一度被壓制，然後又被俄國、普魯士和奧地利分割。

正如自古以來所有的強權女性一樣，葉卡捷琳娜也被人指責性慾過盛。身為全俄國的女皇，葉卡捷琳娜也許有些倒行逆施，但依然政績不凡，因為在她所有的酷行之外，她使俄國的經濟得以蓬勃發展並對西方社會開放。

奧托・馮・俾斯麥
(Otto Von Bismarck)

奧托・馮・俾斯麥是普魯士王國的首相、德意志帝國的「鐵血宰相」，他用一系列戰爭和外交手段統一了德國，鎮壓了國內所有的社會民主運動，頂住了社會革命的威脅，保住了德意志帝國。

- 1815 年出生於普魯士蕭恩豪森，1898 年卒於德國弗里德里西路。

- 統一德國，建立普魯士政權。

俾斯麥的父親是普魯士保守派「貴族」，或者說是地主。俾斯麥在 32 歲時被吸納進政治保守派，之前他一直是一個平庸的學生，而且似乎註定要繼承家業。令人好奇的是，俾斯麥認為，1848 年引發整個歐洲革命的自由中產階級以犧牲窮苦階層的利益為代價，換取自身經濟優勢，這一點與和他時代相近的馬克思的想法不謀而合。然而與馬克思不同的是，俾斯麥旨在通過滿足社會各階層尋求發展與穩定的需求，來維持這種保守的社會秩序。俾斯麥曾任管轄德意志聯邦的法蘭克福委員會代表，這一經歷使他從普魯士的保守主義者轉變為德國的民族主義者。

1862 年，俾斯麥當上普魯士的首相後，開始把德國納入普魯士的統治之下，並且把奧地利限制在其南部境內。新組建的「北德意志聯邦」制定的憲法堪稱激進，因為君主依然保留組建自己政府的權力，不過該憲法倒是賦予農民階級選

舉權，以防止自由主義。1870 年，與法國的交戰（在戰後的和平條約中，法國失去了亞耳沙斯‧洛林，直到 1918 年法國對此仍耿耿於懷）最終贏得了德國南部各州的支持，從而組建了不包括奧地利在內的「小德意志」。

這樣一來歐洲大陸被劃分為四個勢力範圍：俄國、奧匈帝國、法國以及德意志。俾斯麥的外交技巧與比自己早一代的克雷蒙斯‧梅特涅類似，他利用這些外交技巧來維繫權力平衡，並防患於未然，避免發生諸如土耳其勢力在巴爾幹地區急劇下降的慘劇。（俾斯麥把奧斯曼帝國，即土耳其帝國，稱為「歐洲的病人」）

在國內，俾斯麥為了取得類似的權力制衡，削弱了宗教對國家的影響力並解除了宗教等級制度。而當這種權力制衡似乎變得對進步主義者有利時，他又開始對經濟實施保護，從而幫助保守的地主階層來對抗城市的社會民主人士。

> 重大事件的決斷並非依賴演講或者大多數人的決議……而是靠鐵血！
>
> ——俾斯麥

俾斯麥極力反對左派，在整個歐洲，與俾斯麥同一階層的之後兩代人也持有同樣的觀念。這種反對體現在俾斯麥極其粗俗、與左派勢不兩立的語言中（稱「左派是鼠患……必須徹底清除」），這大概破壞了真正民主進步的前景。不過，俾斯麥始終堅持自己的分析，並嘗試通過福利改卓把那些原本支持革命的團體變為自己的附庸。他所採取的政策，如退休金保險制度和醫療社會化，在當時的歐洲都是領先的。

阿道夫・希特拉 (Adolf Hitler)

阿道夫・希特拉是 1933–1945 年間德國的獨裁者，他掌控德國國家社會主義黨，宣揚國家元首代表人民的意志，拒絕 19 世紀歐洲政治發展所提倡的自由平等。

> ● 1889 年出生於奧地利布勞瑙，1945 年卒於德國柏林。

納粹主義興起於 19 世紀後期，其內涵包括浪漫民族主義、雅利安種族優越感，尤其是尼采所表達的領袖意志超越一切的統治理想等。納粹主義也受到達爾文進化論的影響，形成了優勝劣汰的理論。隨着希特拉在 1920 年成為國家社會主義黨的領導人，他把這些思想與德國 19 世紀的軍國主義結合起來。當時的德國在「一戰」戰敗後處於經濟和社會蕭條時期，希特拉的思想無疑引起了極大的政治反響。

1925 年，一場反對巴伐利亞政府的政變失敗，希特拉因此入獄。在此期間，他開始撰寫他的政治理論，完成了《我的奮鬥》(Mein Kampf) 一書。他寫道：「國家是人民意志的反映和守衛者，除了國家元首，其他個人的意志必須服從於國家意志。」

希特拉露骨地表現出對歐洲德語人口的統治野心。他利用民族認同感，將分裂的德國統一起來。他與意大利的墨索里尼一樣，認為俄國共產主義是德意志民族的一大威脅，德國人民應聯合起來與之對抗。在希特拉的字典裏，共產主義幾乎和猶太教一樣危險（希特拉將德國經濟崩潰歸結為銀行

家們的「猶太性」）。希特拉把猶太民族描繪成「威脅和削弱雅利安人種純潔性的惡魔」。猶太人被認為是沒有根的人種，是寄生在德國人身上的。

納粹主義是指政治投機者可恥地偷換了社會主義的概念，並利用病態的民族主義而演變成的極端化、惡質化的民族主義。納粹主義自我標榜為「社會主義」，卻與社會主義「解放和發展生產力」的本質背道而馳，主張通過對內獨裁和對外侵略謀求發展，實質是極端野蠻的帝國主義、種族主義和恐怖主義。

1934年，希特拉獲得全民投票支持後上台，開始了他的極權主義統治。在他的統治之下，其他政黨和包括來自教會的其他持不同政見者完全沒有立足之地。希特拉和希特拉政權宣揚的國家意志統領一切，紐倫堡集會等大量事件都說明了這一點。而強大的國家警察則保證全民觀點的整齊劃一。

希特拉的規劃中所要求的生存空間和資源不但能讓德國自給自足，還能獲得整個歐洲大陸和北非地區的統治權，建立一個像愷撒王國一樣偉大的王國。但他的狂妄和瘋狂侵略，終於引起法國和英國在1939年的反抗，並最終導致他在1945年的滅亡。

政治宣傳（Propaganda）：任何試圖通過操縱大眾的觀念和信仰來促使其效忠的宣傳。對於極權統治而言，政治宣傳至關重要，因為極權政府必須讓民眾始終相信：領袖的一切目標都是最符合國家利益的。面對民眾不滿時，政治宣傳經常會製造出替罪羊，以平息民憤。

極權主義 (Totalitarianism)

在極權統治下，國家往往以極為武斷和極端鎮壓的方式掌控公共生活和私人生活的方方面面。國家首腦是獨裁統治者，借助人格崇拜和操縱媒體來執掌政權。

人們普遍認為極權主義是 20 世紀的社會現象，是對自由民主的一種顛覆，因為自由民主就是仰賴信息公開、選民接受教育等特徵才成為可能。

極權主義通過大眾傳播和集體掃盲來實現，正如喬治・奧威爾在《1984》(*1984*，1948) 中所言，極權主義是對每個家庭進行政治宣傳和控制的工具。西方國家的希特勒就是這種無情極權統治的典型代表。

在 20 世紀 20 年代初期，墨索里尼和他的操刀手意大利哲學家喬瓦尼・詹蒂萊鼓吹極權主義，聲稱國家借助現代通訊手段可以實現對其民眾的一種極權統治。

極權主義與獨裁的區別不僅體現在程度上，還在於以下事實：在獨裁統治中，多元主義的殘餘思想經常可以適當矯正獨裁者的行徑；而極權統治的典型做法就是破壞一切原有機構和設施 (有時不止一次地進行破壞)，對於那些不能摧毀的機構，如教堂和工會，則變其為附庸。

製造恐懼是極權主義的專用工具。這種恐懼源自缺少一種公開而穩定的法律，導致國民長時間生活在不確定的狀態中，而這種不確定又被放大，因為對那些犯錯者的公審是一

種示威警告。

德裔美籍哲學家漢娜・阿倫特（Hannah Arendt）在其極具新意的《極權主義溯源》（*The Orgins of Totalitarianism*, 1951）一書中提到，恐怖抹殺了個人的自發性。她認為極權主義依賴於把世界上的問題歸結為一個問題或一個敵人，比如對法西斯而言就是種族問題。

漢娜・阿倫特在書中寫道：「極權統治產生關聯影響，其令人不安之處在於，如果我們不承認極權主義之所以危害百年，是因為它解決問題的方式極為可怕，我們就無法理解我們時代的問題，更談不上去解決。」

如孟德斯鳩所言，在其他政府體制中，政府所關注的問題是要尋找最好的法律制度來滿足其目的，而極權主義政府的目的卻是讓民眾適應現有制度。一些批評盧梭的評論家認為，極權統治在盧梭倡導的「強制人民自由」思想中找到了理論依據，但這顯然是斷章取義，並非盧梭的初衷。

「二戰」結束以來，避免極權主義的捲土重來已經成為西方國家對外政策考慮的一個主要方面。獨裁統治必須扼殺在搖籃裏，這樣一種論斷成為 1956 年入侵蘇伊士（儘管當時的目標是納賽爾）及 2003 年入侵伊拉克、推翻薩達姆・侯賽因統治的理論依據。

約瑟夫·斯大林 (Josef Stalin)

約瑟夫·斯大林以一種強硬的方式把蘇聯轉型為發達的工業經濟國家，使其在鼎盛時期可以與美國抗衡，也為後期冷戰搭建了舞台。斯大林以及「斯大林主義」對 20 世紀的蘇聯和世界產生了深遠的影響。

- 1879 年出生於沙俄帝國的格魯吉亞，1953 年卒於前蘇聯的莫斯科。

- 堅決徹底地實施蘇聯工業化，使得蘇聯能夠與美國分庭抗禮。

約瑟夫·斯大林原名約瑟夫·朱加什維利，生於原屬沙俄帝國的格魯吉亞，出身貧寒。斯大林作為共產黨總書記，發展並積累了政治統治的力量，並將其延續了 30 年，直到他去世時為止。

也許斯大林算不上政治理論家，但他的名字卻跟以下政治制度緊密相聯：強人統治、人格崇拜以及對對手的打擊。斯大林一方面借助自己對權力本質的洞察力，另一方面成功營造對已故列寧近乎宗教般的敬仰，借此來傳遞簡單而有力的政治要求，並最終達到自己的政治目的。

在歐洲，無產階級革命的挫折促成了共產主義理論與各國實際國情相結合。經濟轉型是革命的有力支撐，這證明斯大林領導的共產主義真正奏效，也為當時的工人階級在蘇聯取得最終勝利鋪平了道路。

斯大林高舉馬克思理論和社會主義的旗幟，創立了龐大的國家機構，展開了迅速的工業化進程。他高舉提高農作物產量和產品工業化的旗幟，推動了農業集體化和工業現代化。

在斯大林執政的第二個十年，他提出要加強階級鬥爭。

左圖：斯大林認為在偉大領袖的眼皮底下，始終進行着一場蘇聯忠實捍衛者和資本主義滲透者之間的鬥爭。

他認為隨着舊剝削階級的消亡，他們很快會變得更加危險。因此，斯大林提出必須打倒「內部敵人」。斯大林帶有個人崇拜色彩的國家發展道路成為新興國家的效仿對象。

斯大林作為蘇聯的實際統治者的時間將近四分之一個世紀。斯大林繼承了列寧的事業，完成了蘇聯的社會主義改造，對那一歷史時期共產主義在全世界範圍內的發展起了重要作用，多數人都承認斯大林對於蘇聯成立後政局的穩定以及蘇聯經濟軍事發展的巨大貢獻。他統率蘇聯紅軍為打敗法西斯德國以及同盟國取得第二次世界大戰的勝利做出了不可磨滅的貢獻。

西蒙・玻利瓦爾 (Simón Bolívar)

西蒙・玻利瓦爾是第一位自由戰士，是「解放者」。他以民主之名，使得幾乎三分之一的南美洲擺脫了西班牙的統治，並使歐洲的政治理論適用於拉丁美洲的文化。

玻利瓦爾出生在加拉加斯的一個富裕家庭，家人送他去歐洲學習。在學習期間，他接觸到伏爾泰、孟德斯鳩、盧梭以及更早的一些作家（如洛克和霍布斯）的思想。根據傳說，玻利瓦爾有一次去羅馬時，突然一陣炫目的亮光之後，他得到了他命運的指引：「我以我的名義起誓，不把美洲從暴君手下解放出來，我決不罷休。」他的轉變正趕上當時拿破崙攻佔伊比利亞半島，從而削弱了西班牙的勢力。

- 1783 年出生於委內瑞拉的加拉加斯，1830 年卒於哥倫比亞的聖瑪塔。

- 革命領袖，解放了南美洲的大部分地區，使其擺脫了西班牙的統治。

在民族主義和單一民族國家這些思想逐步在歐洲流行時，玻利瓦爾作為具有獨創性的思想家開始顯露頭角。在當時的南美洲，除了極少數是西班牙人或者講西班牙語外，其餘大多數都是當地人，考慮到這個現實情況，玻利瓦爾適當調整了諸如文化身份、語言和自然邊界等概念以滿足現實需要。

玻利瓦爾想要把分裂的美洲統一為一個實體，這是他在「致牙買加居民」的演講中提及的思想（在與西班牙最初的交鋒中，他屢屢失利，第一次失敗後他逃離委內瑞拉，來到牙買加）。玻利瓦爾承認自己追求的是一個野心勃勃的計劃，一個由種族、語言、宗教和習俗等統一起來的「新世界的國家」。

懷着夢想，玻利瓦爾率領一小隊人馬取得了一系列不同凡響的軍事勝利。玻利瓦爾希望為新世界確立秩序，建立一個安迪斯帝國。帝國超越膚色與信仰，有強有力的政府，共有一支軍隊和海軍，並與英國和美國的自由陣營結成友誼。

玻利瓦爾擁有 19 世紀革命者的經典形象：一個英勇自信又有創見的軍事指揮家、充滿魅力的領導者和傳奇般的戀人。他的口號是「擺脱西班牙、爭取獨立」，這既不是文化民族主義，也不是立憲主義和區域內的自由，而是政治上的自治獨立，這一點既源於當時的軍事需要，又源於一種民族身份的意識。玻利瓦爾在經過一系列的權利和自由的鬥爭之後，堅信要實行政府強權。在他較早發表的政治宣傳小書《卡塔赫納宣言》(*El Manifesto de Cartagena*) 中，他提到第一個委內瑞拉共和國的解體就是因為缺少強有力的權力中心。接下來，他每征服一處西班牙統治區域，就會在提議仿照英國確立自由憲法的同時，確立自己為獨裁統治者。

> **單一民族國家**（Nation-state）：由單個文化或民族團體組成或統治、擁有自主權（即自治權）的領土。帝國主義不允許在被征服國家裏存在單一民族國家，因為政治權力應該在殖民統治者手中。民族主義者往往通過宣揚本土文化來實現獨立自主。

玻利瓦爾畢生堅信：治理國家要靠擁有至上權威、強大有力的總統。到 1824 年年底時，他已經成為大哥倫比亞共和國的總統和秘魯的獨裁者。為了紀念他的功勳，「上秘魯」後來更名為玻利維亞。

玻利瓦爾晚年時，他的帝國開始解體，陷入骨肉相殘的內戰之中。然而，西蒙·玻利瓦爾的名號依然是激進民族主義的強有力象徵！

朱塞佩・加里波第

(Giuseppe Garibaldi)

朱塞佩・加里波第出生時，意大利已經淪為一個「地理字眼」；在他去世時，意大利已經成為一個統一的國家，擁有自由的憲法，成為全世界民族主義運動的典範。

- 1807 年出生於法國尼斯，1882 年卒於意大利卡普雷拉。

- 民族主義理想的化身，激勵意大利人民實現統一。

意大利的統一源於「復甦」的理想，即國家的重生，旨在掙脫奧地利和法國帝國主義的野心，並注入道德和精神的力量。意大利人支持把基督教作為民族的靈魂，而不是羅馬東正教，就連君主制也被看做是舶來品。

「復甦」也激勵着個人犧牲和英雄主義，這些觀念對於戰士加里波第極有感召力，他在戰鬥中的英勇表現成為新民族主義魅力中不可或缺的組成部分。加里波第的軍事天分遠遠超過他的聰明才智。朱塞佩・馬志尼是他同時代的政治同盟，也是共和國民族主義者和哲學家。馬志尼對加里波第影響很深，他也是第一個充分利用加里波第在戰鬥中的英勇事蹟來宣傳造勢的人。不過，加里波第也曾為早期社會主義者的魅力着迷，尤其是聖西門。

1834 年，加里波第被流放到南美洲，當時的「解放者」西蒙・玻利瓦爾的豐功偉績還歷歷在目。正是在這裏，加里波第學會了遊擊戰，等他趕回歐洲時，正趕上 1848 年的革命

之年，他因此成為英雄。

加里波第把教皇趕出羅馬後，因法軍的包圍而被迫撤退。然而，加里波第帶領幾百名手下成功突圍，強行軍之後戲劇般地抵達安全區域聖馬力諾，這已經成為 19 世紀的一段經典傳奇。加里波第一次次地展示了自己的莫大勇氣和隨時準備為事業犧牲的精神，對全世界的民族主義者展開猛烈的宣傳。「不取羅馬毋寧死」成了他的口號，並且他很快讓跟隨他作戰的幾十個記者把口號傳播開來。

再次流放結束後，加里波第以更大的熱情投入到 1859 年意大利統一運動中去。 1860 年 9 月，在一次驚心動魄的軍事行動中，加里波第率領他的紅衫軍攻佔了西西里和那不勒斯王國，然後又將其拱手讓給意大利的第一位國王維克托・艾曼努爾。正是此舉讓加里波第成了世界英雄，無論他走到哪裏，都受到救世主一樣的禮遇，他甚至還為孩子們洗禮。

林肯曾經試圖讓加里波第到美國參加南北戰爭，但加里波第覺得林肯在奴隸制問題上犯了錯誤而加以拒絕。相反，他繼續展開鬥爭，試圖把羅馬從教皇手下解放出來並打垮奧地利帝國。他的軍事策略偶有不當，不過這並不影響他的個人魅力：在他去世後的一百多年裏，他始終是革命形象的典範。無論是對 19 世紀的浪漫派藝術家，還是對 20 世紀的獨裁者而言，加里波第都是靈感的源泉。

> 意大利人民是自己的主人。他們希望成為其他民族的兄弟。但對於那些傲慢無禮的民族，意大利人也會還以顏色，絕不會低聲下氣地乞求屬於自己民族的自由。
>
> ——朱塞佩・加里波第
> （1860 年演說詞）

孫中山

孫中山被譽為「國父」。他領導革命推翻清朝封建統治，其具有開創性的革新理念為身後一代人的共產主義革命鋪平了道路。

孫中山出生於中國東南部的一個農民家庭，在檀香山的英國教會學校接受教育，後來又到香港求學。他是一個忠誠的基督教教徒，一生幾乎都在流亡中度過，遊歷廣闊，深諳西方思想和政治發展。

- 1866 年出生於中國廣東省，1925 年卒於中國北京。

- 將西方的民族主義、民主主義、社會主義與中國傳統相結合。

19 世紀末，清政府走向衰落，1894 年被日本擊敗後更是走上了窮途末路。孫中山發動了多次革命，約有 11 次之多，不過革命初期，孫中山對於如何取代三百多年清政府統治並沒有一成不變的清晰概念。1905 年，在他被流放到日本、歐洲和美國多年以後，他醞釀出了影響深遠的改革提議。他提出的「三民主義」是西方思想中民族主義、民主主義和社會主義在中國的實際應用。他認為自己的使命是把中國從帝王和外國侵略者的枷鎖中解放出來。

他的提議讓中央政府在對新興資本主義企業家和農村地主傳統勢力的控制方面都發揮了重大作用。但是，他感覺到當時的民眾還不瞭解民主，因此他提出了三階段的指導方針，也就是「革命三步走」，其中他指出，應該逐步推行人民負責政府管理的制度，並最終把中央集權移交給人民。

左圖：在孫中山心目中，理想的政府要捍衛國家獨立，還政於民，保障國民生計。

孫中山建立的革命組織在 1911 年清政府瓦解時轉變為國民黨。 1913 年，國民黨在新政府贏得大多數席位。但是，民主政治並不穩固，無法控制軍閥和財團。儘管孫中山得到了大多數人的支持，但仍然逃不過再次流亡的命運。

1916 年，孫中山回到中國並重新尋求支持。20 年代初，他與中國共產黨合作，並相信要讓他的政黨走近成千上萬不暸解政黨組織的農民和工人，必須吸納共產黨員。而此時，蘇聯政府在軍隊、技術和武器方面提供了支持。

然而就在孫中山準備邁出下一步時，卻不幸因病逝世。後來，他的繼任者蔣介石在孫中山支持者的擁護下，終於在 1928 年完成他的革命事業，再次統一中國。

弗拉基米爾・伊里奇・列寧 (Vladimir Ilyich Lenin)

弗拉基米爾・伊里奇・列寧領導了俄國 1917 年的「十月革命」，率領剛剛成立的蘇聯社會主義共和國度過了內戰時期，所建立的政權一直延續了七十多年。

- 1870 年出生於俄國辛比爾斯克，1924 年卒於蘇聯高爾基。

- 在 1917 年推翻沙俄統治的革命中發揮核心作用。

列寧原名弗拉基米爾・伊里奇・烏里揚諾夫（Vladimir Ilyich Ulyanov），1901 年改名為列寧。作為一名出色的律師，列寧畢生致力於政治革命，尤其提出了一套哲學，為當時在沙俄開展的馬克思主義革命提供了正當理由。當時的沙俄還停留在封建社會，沒有進入資本主義階段，因而根據《資本論》的描述，沙俄尚不具備革命的條件。

列寧認為，儘管馬克思十分強調生產方式的重要性，但生產方式並不意味着一切。雖然當時的俄國沒有實行資本主義民主，但在逐步走向工業化的行業內對農民和工人的剝削，已經為俄國的革命創造了同樣的條件。

在 1902 年的宣傳手冊〈怎麼辦〉（'What Is to Be Done?'）裏，列寧設想能有一個少數社會精英分子組成的黨派來充當「無產階級先鋒隊」。先鋒隊要引導革命，而不是等待革命的發生。該先鋒隊的組織原則就是民主集中制。

第一次世界大戰之前，英國爆發了一系列罷工和社會主

義運動，這使列寧相信，工業化的歐洲正處於革命的邊緣。他進而提出理論，認為國外的革命可以促使俄國跳過馬克思認為的社會主義必經階段，而直接進入共產主義階段。第一次世界大戰的來臨令列寧失望地看到大多數社會主義者支持俄國的參戰。隨着全世界人民對戰爭感到一黨專政：只允許一個黨派組建政府或確定選舉候選人的政治制度。該制度往往和革命政府聯繫在一起。策劃革命的政黨通過革命奪取政權，為避免被推翻的政府死灰復燃，往往會採取中央集權。厭倦，列寧宣佈革命才是爭取正義、民主與和平的不二手段。他極力批判帝國主義，指出資本主義的最終階段就是一味追求最大利潤，致使和平遭到破壞。這一論斷成為隨後 50年裏反殖民主義鬥爭的導火線。

1917 年第一次革命之後，列寧重返俄國，並再次修正了自己的革命思想。面對自由立憲會議，列寧宣稱該立憲會議無法兌現和平。權力應該在工人階級掌握的蘇維埃組織手中。蘇維埃將是瓦解國家政權的工具；無產階級專政將會實現馬克思所描述的共產主義社會，在共產主義社會裏，國家政權將逐步消亡。他推翻了第一次革命的成果，取而代之的是蘇維埃政府。

列寧認為俄國革命將會觸發整個歐洲革命。然而，到了1921 年，經歷三年內戰的蘇俄經濟陷入癱瘓。作風依然利落的列寧出台了「新經濟政策」，旨在復甦經濟，直至世界革命能夠為其所用。列寧臨死前一年寫下的遺囑中有跡象表明，他試圖進一步改革政黨組織。

共產主義 (Communism)

共產主義設想的政治制度是通過生產資料公有制，使人類沒有階級之分，和睦共處，擺脫壓迫。在馬克思之前就曾有過共產主義生活方式的嘗試，其主要特徵是否定財產私有制，但是共產主義作為主要的政治運動還是從馬克思和恩格斯開始的。

共產主義的根本思想是通過革命從資產階級手中奪取政權：隨着經濟權力日益集中到少數人手中和無產階級隊伍的相應壯大，無產階級革命的爆發就顯得自然而然了，革命的成功使得無產階級開始掌握政權，共產主義自此出現並傳遍全球。

列寧把馬克思主義、俄國傳統的高度集權和自律的革命黨相結合所組成的機制稱為「民主集中制」。1921年，革命黨在蘇聯境內地位逐漸穩固，並在列寧路線方針的基礎上成立了共產黨（共產國際），進而在世界範圍內推進革命。共產黨的組織和最終理想始終如一，但其政策卻是逐步形成的。

「二戰」結束後，以斯大林為代表的共產主義贏得了國際聲望，這不僅讓社會主義政黨在歐洲贏得選舉權，還在沿蘇聯西部邊境形成了共產主義政權陣營，並最終在亞洲爆發了一場重大革命——中華人民共和國於1949年正式成立。

但是，蘇聯共產主義大廈最終還是開始瓦解。「二戰」期間，南斯拉夫總統鐵托對蘇聯進行了抵制。鐵托總統提出世界上兩個超級大國的存在本身就是對和平的威脅。

而毛澤東領導下的中國與赫魯曉夫領導的蘇聯斷交。共產主義大廈遭受的第三個挑戰是共產主義的非馬克思主義傾向以及在一些發展中國家快速實現現代化的思想，這些國家提出了一條新的「非資本主義」發展道路。

赫魯曉夫死後，緊接着是勃列日涅夫執政期間先後對捷克和波蘭自由化運動進行干預。等戈爾巴喬夫上台執政時，蘇聯的經濟改革已經陷入困境。戈爾巴喬夫的系列改革無法避免蘇聯的最終解體。在中國，各種核心改革亦在進行中。在 1991 年後，私人企業被看成是社會主義經濟的重要組成部分之一，並得到法律保障。進入二十一世紀，毛澤東思想的共產主義在亞洲仍然保持強勢，只有古巴在堅守蘇聯共產主義的道路。

吉馬爾‧阿塔圖克

(Kemal Atatürk)

吉馬爾‧阿塔圖克是土耳其共和國的首任總統（1923—
1938），他雄心勃勃地推進現代化，建立了現代化的、政
教分離的土耳其共和國，激勵無數後人仿效，也把土耳其
帶入了 20 世紀。

- 1881 年出生於希臘
  薩洛尼卡，1938 年
  卒於土耳其伊斯坦
  布爾。

- 創立現代土耳其國
  家——一個政教分
  離的共和國。

　　吉馬爾‧阿塔圖克是出色的軍官，因第一
次世界大戰中對抗協約國的加里波利保衛戰而出
名。1918 年奧斯曼帝國（即土耳其帝國）戰敗，
在隨後的混亂中，阿塔圖克組織力量，對抗最後
的蘇丹穆罕默德四世，因為穆罕默德四世被協約
國利用來實現和平，而這種和平會把原屬一個帝
國、通用土耳其語的土地分裂。在隨之而來的獨
立戰爭中，阿塔圖克確立的疆域幾乎包括了所有
講土耳其語的人：他把文化作為民族身份的基礎，
而不是宗教。而此前 300 年裏，這個國家都是由自稱哈里發
（也就是穆斯林世俗和精神的統治者）的蘇丹統治。

　　1923 年，阿塔圖克成為新建土耳其共和國的總統，開始
了一系列意義非凡的改革，而改革的指導原則就是讓土耳其
與伊斯蘭抵抗運動保持距離。這一系列改革包括禁止阿拉伯
人的裝束（紅氈帽被巴拿馬帽取代）、用阿拉伯文字替代拉丁
文，此舉使得未來的土耳其人更加偏離他們的伊斯蘭祖先。

阿塔圖克為現代土耳其國家提出了六條原則，用以指導一系列的改革。這六條原則後來組成了他領導的共和國人民黨 1931 年的選舉章程。六條原則裏首先是共和主義和平民主義，這兩條原則是為了捍衛民主，防止傳統統治者捲土重來。然後是民族主義和中央集權：土耳其被定義為在多國組成的帝國廢墟之上建立起來的單一民族國家，不受外國干涉；土耳其的統一依靠共同語言、共同價值觀和共同文化；土耳其向任何出生在土耳其共和國的人開放，而不論其種族和宗教信仰。最後，政教分離主義和革命論徹底推翻了舊的宗教和政治權利結構：伊斯蘭教教規被法典取代，這些法典借鑒了意大利、法國和德國的模式；女性被解放，到 1934 年時，女性開始擁有選舉和被選舉權；離婚合法化；法律面前，人人平等。

　　土耳其共和國實施政教分離：國家對宗教事務施加影響和宗教對國家事務（包括教育）施加影響都是明令禁止的。伊斯蘭教不再是唯一的宗教，1924 年 3 月伊斯蘭王權的結束正式確立了這一事實。國家可以干涉經濟活動以進行管理，並持有骨幹企業的所有權，目的是為了實施經濟擴張。國家也承擔適當的責任來保證社會福利。

　　在土耳其，阿塔圖克是令人敬畏的人物。一黨專政領導國家革命的做法也被後人仿效，尤其是在埃及和伊朗王統治的波斯，然而這些都不能與阿塔圖克在土耳其取得的成就相提並論。

加麥爾・阿卜杜勒・納賽爾 (Gamal Abdel Nasser)

加麥爾・阿卜杜勒・納賽爾在 1954–1970 年間擔任埃及總統。他前瞻性地提出建立不受殖民統治的泛阿拉伯聯盟，範圍從大西洋延伸到紅海。根據「納賽爾主義」，埃及既是阿拉伯國家，也是非洲國家，是聯繫兩者之間的橋樑。「納賽爾主義」與納賽爾本人的個性和他在 1956 年蘇伊士運河危機中擁有的短暫輝煌息息相關。

- 1918 年出生於埃及亞歷山大，1970 年卒於埃及開羅。

- 提出泛阿拉伯主張。

第二次世界大戰動搖了埃及的政治和社會制度，而事實上，戰前旨在讓埃及政教分離的嘗試已經成為不穩定因素，加上激進派和右翼運動都想奪取政權，其中包括穆斯林兄弟會這個愈發好戰的伊斯蘭運動組織。與此同時，1948 年以色列建國，成為統一阿拉伯世界的契機。

納賽爾是 1948 年對以色列第一場戰爭中的士兵和英雄。1952 年，他領導自由軍官發動了推翻君主制度的軍事政變，將穆罕默德・納吉布將軍推為埃及第一位總統。1954 年，納賽爾走出幕後，成為總理，得到商業聯盟和工人階級的支持，為阿拉伯社會主義的形成奠定了穩固的基礎。

同年，納賽爾支持阿爾及利亞反抗法國，出版了《革命哲學》一書，被法國總理蓋伊・莫勒稱為「納賽爾版《我的奮

鬥》」。書中，納賽爾描繪了阿拉伯聯盟的遠景，其範圍自開羅起延伸到大馬士革、巴格達和安曼。聯盟的建立需要一個時代英雄，他能掃除外國勢力，建立界限模糊的伊斯蘭社會主義，從而為埃及提供除資本主義和馬克思主義之外的第三條道路。

新阿拉伯國家要領導這個地區的現代化進程，增強抵制外部干涉的能力。納賽爾還希望將阿拉伯世界的石油資源引入埃及。他和前輩阿塔圖克一樣，認為現代化須伴隨着工業化與經濟的成長。他想創造一個非宗教的、民主的、社會主義的未來。儘管他也想致力於領導伊斯蘭世界，但推進泛阿拉伯主義運動旨在呼籲回歸伊斯蘭教前的非宗教傳統，而不是宗教統一。

納賽爾提出土地改革，限定土地所有權，力圖改善埃及農村的貧困，並將外國公司國有化，即埃及化，這對外來投資帶來毀滅性的打擊。他將教會學校世俗化，因此招來 1954 年穆斯林兄弟會對他的暗殺行動，他在這場行動中受傷，但也讓他找到藉口處決和關押了兄弟會的首領。

1956 年，蘇伊士運河危機爆發，英法的退敗讓納賽爾成為阿拉伯世界的英雄人物。借助這個聲浪，他在 1958 年建立了阿拉伯聯合共和國，將埃及和敍利亞聯合起來，邁出了建立泛阿拉伯國家的第一步。1961 年，敍利亞脫離共和國。但是納賽爾直到 1970 年去世，也從沒放棄聯合阿拉伯國家的野心。

> 這場戰役至關重要之處在於，所有阿拉伯人都要採取行動，我們必將成就非凡。面對敵人的挑戰，我們必須建立並壯大我們的國家。
>
> ——加麥爾·阿卜杜勒·納賽爾（1967 年演說詞）

聖雄甘地 (Mahatma Gandhi)

當代印度國父默罕達斯·卡拉姆昌德·甘地（Mohandas Karamchand Gandhi）被尊稱為「聖雄甘地」或「偉大的靈魂」，他信奉用非暴力理論來實現政治和社會改革。他的方式鼓舞了反殖民地和反種族主義運動。

- 1869 年出生於印度博爾本得爾，1948 年卒於印度新德里。

- 將消極抵抗和非暴力抗議引入政治鬥爭。

甘地年輕時曾前往倫敦學習法律，為了恪守對虔誠的母親的承諾，他不食肉類，成為當時在知識界風行的素食運動的領導人物。他也第一次讀到了英文版的印度詩——《薄伽梵歌》（Bhagavad Gita），這成為他日後的精神寶典。

他的生活有三個準則。第一個是「精神的力量」，也就是不懈地追求真理，他將這翻譯為非暴力抵抗；第二個是不貪婪，或叫不佔有或不自私，這更加強了第一個主張；第三個則是面對審判要冷靜。

甘地作為南非年輕的律師，率先反對當時法律對非歐洲人的種種侮辱性的制約。在一系列的反抗活動中，甘地把消極抵抗和非暴力抗議上升為一種強大的政治武器，利用的就是統治者自身的道德目的。

甘地一直堅稱自己絕非政治人物。他說自己關心的是人的精神層面和對神的個人追求。受約翰·拉斯金的反資本主義和列夫·托爾斯泰基督教原教旨主義的影響，他開始摒棄現代資本主義的拜金主義，反對對工人階級的壓榨，開始了

另一種簡單的生活方式。

1914 年，甘地回到印度，放棄西式的穿著，只穿土布製作的印度傳統服飾。他開始奉行宗教獨身主義，讓美女圍繞身邊來挑戰自己的意志，並在他建立的自給自足的農場或「修行處」生活，以垂範眾人。

消極抵抗：即通過明確的非暴力形式，如不合作與和平抗議，表達對政治現狀的抵抗。民眾只要達到足夠規模，那麼即使不借助暴力形式，僅通過拒絕政府的號令，也能對統治者構成嚴峻的挑戰。當然，這種抵抗形式經不住暴力反擊。一戰後，他發起了一場針對未審入獄的運動，導致了一場暴力事件——阿姆利則血案，致使 400 個印度人喪生。甘地依然堅持說探求真理是自己唯一的動力，他改革了印度國民大會黨，並向農村群眾宣導，告訴他們國家的現狀並不是英國人造成的，問題在於印度人民自身的不足。

他鼓舞印度人拒絕參加英國設立的一切社會福利機構，反對英國法律，為此數千人被捕入獄，包括甘地自己。自1930 年起，甘地投身於實現印度完全獨立的運動。他領導了新的「精神力量」，反對鹽稅，這又導致 6 萬多人被捕。之後，他再次退出政治舞台，並開展農村教育和反對「賤民制度」。

1942 年，他回到國家政治舞台，要求英國立即從印度撤離。在英國統治的最後幾年中，他試圖用絕食來解決暴力衝突，但依然無法阻止分裂。印度獨立最終於 1947 年 8 月 15日實現，但就在第二年 1 月 30 日，甘地遇刺身亡。

納爾遜・曼德拉
(Nelson Mandela)

納爾遜・曼德拉在度過了 27 年的牢獄生涯後，領導南非通過和平革命實現民主，並成為南非共和國第一任總統。他致力於和平解決爭端，被奉為道德權威的典範。

● 1918 年出生於南非特蘭斯凱。

● 在南非首次不分種族的大選中獲勝，當選南非第一位黑人總統。

羅利赫拉赫拉・曼德拉（後稱為納爾遜・曼德拉）出生於南非特蘭斯凱一個部落酋長家庭，在約翰內斯堡接受教育，成了一名律師，在此期間，他深切感受到種族隔離政策的歧視，這導致他加入非洲國民大會。曼德拉的政治理念深受甘地影響。曼德拉因參與國會通過《自由憲章》(Freedom Charter)，於 1956 年第一次受審。《自由憲章》是一部民主的南非宣言，開創了沒有種族主義的憲章的先河。該憲章呼籲對資本主義企業，如銀行和礦業，實行國有化，並對土地進行再分配。

1961 年，審判終於結束，曼德拉被判無罪。但非洲國民大會被禁，他被迫秘密進行活動。隨着鎮壓進一步升級，非洲國民大會決定放棄和平手段來進行抗爭。曼德拉協助非洲國民大會建立軍事力量——「民族之矛」，意為國家的矛，它的最初目的是抵制蓄意破壞南非經濟的行為。為了對暴力升級做好充分準備，曼德拉也參加了軍事訓練。他遊走在非洲和歐洲，尋求軍事和政治援助。

曼德拉認為自己是社會主義者，部分原因在於他對早期非洲社會的嚮往，那時土地屬於部落。他也是位堅定的國會議員和法律規章的支持者。他在南非發動的戰鬥是為了消滅貧困，爭取人的尊嚴：他選擇的解決方式就是社會主義和少數服從多數的原則。

1964 年，被判終身監禁的曼德拉在臭名昭著的羅本島監獄開始艱苦的生活。在這裏，他為看守們樹立了道德典範。在此期間，曼德拉將監獄變成了「島上大學」，使當時的統治者對他的迫害落空。

80 年代中期，曼德拉開始與政府進行秘密商談，但他拒絕接受政府除實質性讓步之外的任何東西。「如果人民的組織仍然被禁止，那我的自由又有何意義？」1990 年，他終於獲釋，非洲國民大會再次被承認。

這位曾是囚犯的人到 72 歲高齡時，仍然不知疲倦地工作，說服他的政黨接受頑敵的合作條件。在緊張關頭，如非洲國民大會領導克里斯·哈尼遇刺時，曼德拉重申統一與和解的重要性：「此時此刻，正需要南非人民團結一致，抵抗任何蓄意破壞全民自由的人，克里斯·哈尼正是為此獻出了生命。」

1994 年，在南非第一次自由選舉中，曼德拉和非洲國大黨取得壓倒性勝利，贏得了政權。

> 我一直為了擺脫白人的控制而鬥爭，也為了擺脫黑人的控制而鬥爭。我一直懷揣夢想，希望建立自由民主的國家，在這裏人們和諧共處，機會均享。
>
> ——1964 年曼德拉在接受審判時的辯辭

阿亞圖拉・魯霍拉赫・霍梅尼 (Ayatollah Ruholla Khomeini)

阿亞圖拉・魯霍拉赫・霍梅尼作為什葉派的神職人員，於 1979 年發動了一場宗教革命，推翻伊朗的巴拉維王朝，建立了反西方的神權統治。全世界的穆斯林對霍梅尼的評價歷來都是毀譽參半。

- 1900 年出生於伊朗的霍梅茵，1989 年卒於伊朗的德黑蘭。

- 建立伊朗伊斯蘭共和國，堅決抵制西方。

霍梅尼出生時名叫魯霍拉赫・穆薩維（Ruholla Musawi），在抵制伊薩・巴拉維的「白色革命」中開始顯露頭角。白色革命是仿效吉馬爾・阿塔圖克進行的一系列改革，包括法律和法庭的世俗化、推行教育和倡導婦女權利。改革遭到了神職人員的極力反對，因為這不僅剝奪了他們手中的權力，也使普通的什葉派弟子不能繼續他們心目中虔誠的生活。1963 年，霍梅尼因為批判當時的伊朗國王而被流放。在接下來的 15 年裏，霍梅尼形成了一套促成 1979 年革命的理論。

霍梅尼最重要的思想是把信仰和政治融合成了一條「伊斯蘭教法學家治理國家」的方針，他要求用伊斯蘭教法學家取代當時親西方的伊朗國王政府。這就背離了什葉派的教義，因為什葉派只允許神職人員「公開」感化，而且這樣一來，霍梅尼就把神職人員所代表的真主的意志凌駕於人民意志之上，為獨裁統治提供了依據。

正義一方必須積極地和不公正的政府作鬥爭，伊拉克和黎巴嫩的什葉派宗教團體裏也有這一說法。什葉派約佔穆斯林總人數的五分之一，經常處於社會的最底層。在伊朗，成千上萬來自農村的窮人背井離鄉，為了尋求工作來到陌生的德黑蘭，流浪在日益繁榮蕪雜的大城市。

然而，霍梅尼如果沒能引起伊朗正在崛起的中產階級的關注，也許就不會有這場革命。當時，伊朗國王不願分享手中權力，並且變本加厲地鎮壓和折磨人民，這使中產階級十分沮喪，因此一直批判神職人員的中產階級開始把霍梅尼的人氣當成獲取權力的槓桿。

1979 年革命爆發，短短幾週時間，霍梅尼就宣佈成立伊斯蘭共和國，並進一步脫離什葉派的傳統，要求國家執行宗教教法，制止一切形式的世俗化抵抗。一年時間內，由神職人員起草的憲法就已宣佈霍梅尼為終身的政治和宗教領袖，並強制實行政治上和社會上都極其保守的統治，一切權利都來自「唯一領袖」。

伊朗自此成了一個管制森嚴的社會：婦女要戴面紗，禁酒，禁止西方音樂。神職人員被任命為政策制定者。霍梅尼放棄了穆罕默德對其他宗教信仰的尊重，宣揚伊斯蘭統一和聖戰。

伊朗 1979 年頒布的憲法確立了伊斯蘭共和國，成立了混合政府，即由神職人員掌控的少數政府機構監管行政機構、議會和司法機構，而「唯一領袖」既是國家元首，又是這些監管機構的首領。

瓦哈比主義 (Wahhabism)

瓦哈比主義是遜尼派伊斯蘭教清教徒的一個分支，在沙特阿拉伯王國佔據支配地位。實際上，瓦哈比主義已經上升到神學統治（政府管理是在宗教原則上進行的）的高度，並成為沙特的主導意識形態。它的一些信徒被認為和恐怖主義有牽連。

瓦哈比主義捲入了車臣和巴爾幹地區的原教旨主義伊斯蘭運動，因此成了極具爭議的話題。「9‧11 事件」後，19 名劫機者中有 15 名被確認來自沙特，沙特人因此被冠以「聖戰主義者」之名，很多沙特人為此鳴不平。

瓦哈比主義源於 18 世紀的一場伊斯蘭革新運動，旨在重提穆罕默德原教旨。其創始人穆罕默德‧伊本‧阿卜杜勒‧瓦哈布（Muhammad ibn Abd al-Wahhab）認為，伊斯蘭教已經面目全非：一方面是因為歐洲的影響，更重要的原因則是他認為的伊斯蘭教多神論傾向，在他看來，這是對伊斯蘭教先知唯一真主的詛咒。

人們尤其會把瓦哈比主義和對非穆斯林甚至非瓦哈比主義穆斯林的不包容聯繫起來，不過最近的研究對此提出了質疑。1932 年，當伊本‧沙特統一沙特阿拉伯時，他的士兵就是瓦哈比教徒，其中有歷史上著名的家庭聯盟。瓦哈比教徒征服了沙特阿拉伯沙漠地區的各個部落，並把所佔領土交給了伊本‧沙特。作為回報，伊本‧沙特，即現在的阿布杜勒‧阿齊茲國王，嚴格按照伊斯蘭教義來治理國家，制定社會等

級，在教育和司法方面尤其如此。

顯而易見，現代沙特阿拉伯的教育和司法都是極其保守的。婦女基本上沒有接受教育的權利，而建立在伊斯蘭教教法基礎上的司法還有「截肢」這一刑罰。諸如違反交通規則這些當代問題都由皇家口諭來裁決。宗教警察極其嚴厲。雖然在 1992 年公佈了一套「基本法」，但《古蘭經》實質上相當於憲法。國王集立法權和行政權於一身。若皇室拿不定主意，會向技術專家諮詢，也會諮詢「烏勒瑪」，也就是宗教學者。

皇室的合法性取決於瓦哈比主義，因而瓦哈比教徒被皇室委以要職。沙特阿拉伯作為神學統治的國家及泛穆斯林主義的發起國，反對 20 世紀 60 年代埃及總統納賽爾（Nasser）提出的政教分離的泛阿拉伯主義。所以當納賽爾行動起來反對穆斯林兄弟會時，該會成員就來到沙特尋求避難。

穆斯林兄弟會源於另一種伊斯蘭革新運動 —— 莎拉菲（Salafi）。他們並非要重回伊斯蘭原教旨，而是想讓穆斯林現代化，但和瓦哈比主義還是有共同點。這些逃離埃及的穆斯林兄弟會成員往往接受過良好的教育，而盛產石油的沙特阿拉伯對教師的需求不斷增加，這些成員恰好是最佳人選。穆斯林兄弟會接觸過一些阿拉伯國家的政教分離政策，因此越來越抵制西方勢力的影響，這種抵制在沙特阿拉伯的教育制度中已經根深蒂固。1979 年到 1989 年這 10 年裏，阿富汗一直在抵抗蘇聯，而沙特在此期間的外交政策就是借機輸出瓦哈比 — 莎拉菲主義。

大衛·本·古里安
(David Ben-Gurion)

大衛·本·古里安作為勞動黨和猶太復國主義者的首要人物，在以色列建國方面發揮了重要作用，他也是以色列的首任總理。古里安被《時代》雜誌評為「20 世紀最重要的 100 位人物」之一。

- 1886 年出生於波蘭普翁斯克，1973 年卒於以色列特拉維夫。

- 在把以色列建成社會主義猶太國家方面起到了關鍵作用。

大衛·本·古里安原名大衛·格林（David Gruen），出生在波蘭。

20 歲時，本·古里安第一次來到巴勒斯坦的加利利海邊幹農活，當時他就已經有了成熟的想法：要建造家園，好讓歐洲的猶太人躲避迫害，好讓他們收復曾經屬於他們的領土。次年，猶太復國主義的政治黨派，即錫安工人黨，確立了巴勒斯坦猶太人實現政治獨立的目標。1917 年的巴爾弗宣言承諾，要以協約國的力量支持尋找猶太人的家園。

本·古里安是以色列總工會的第一任書記。總工會是猶太人的工會組織，後來成了本·古里安實現政治抱負和組建自己的以色列土地工人黨的主要驅動力。以色列土地工人黨後來成了以色列勞動黨。本·古里安把總工會看做組織猶太移民進入一個社會主義猶太國家的首要方式。從 20 世紀 20 年代到 30 年代，猶太人大量從歐洲來到以色列。

本·古里安決心要尊重歐洲自由主義傳統，他想象着猶太人和阿拉伯人為實現共同的經濟目標而互相團結，同時在

文化上又互相分離，從而進一步實現猶太人的政治野心。後來本·古里安被指責有意實行種族隔離，不過他要求平等對待阿拉伯人，進行公開的文化交流，並認為這樣才利於階級鬥爭中的結盟。本·古里安試圖通過物質繁榮來緩解阿拉伯民族主義和猶太復國主義之間的衝突，然而他的希望沒能實現，因為當英國的軍事和經濟活動為巴勒斯坦帶來第一次繁榮時，湧入的阿拉伯人遠遠超過了猶太人。

總工會在本·古里安的掌控下，成為當時巴勒斯坦地區的第二大權力機構。總工會按照「國中國」的模式運作，也正是這個必不可少的工具，把一批批移民團結在建立一個自由平等的猶太國這一目標周圍。然而，「二戰」時期英國的親阿拉伯主義促使本·古里安在 20 世紀 40 年代提出了「猶太復國主義鬥爭」的思想。

> 在以色列，要成為現實主義者，你必須要相信奇蹟。
> ——1956 年本·古里安接受採訪時的發言

「猶太復國主義鬥爭」走的是「壓制文化差異」之路，團結那些在「二戰」期間和戰後逃離歐洲的成千上萬的猶太人。有些敵對領導人揚言要發動內戰，本·古里安以猶太復國主義鬥爭之名，鎮壓了他們的民兵組織，阻止了內部分裂。與此同時，史上有名的巴勒斯坦是以色列領土的聲明（這一所有權在 2000 年前被羅馬人終結）更是為許多虔誠的猶太人提供了另一個凝聚點。不過，本·古里安從 1948 年以色列建國到 1953 年執政期間，以及從 1955 年到 1963 年再次執政期間，更多時候是一個實用主義者，而不是哲學家，因為他依賴西方國家的支持來對抗阿拉伯的敵對勢力。

毛澤東

現代中國在毛澤東領導下初具規模。毛澤東 1935 年開始領導中國共產黨，並在 1949 年後領導中華人民共和國。在他死後，毛澤東思想對中國政治仍然具有深遠影響力。

● 1893 年出生於中國湖南，1976 年卒於中國北京。

● 建立社會主義政權中華人民共和國。

毛澤東出生於農民家庭。在他成長時期，中國正處於水深火熱之中，當時中國的最後一個封建王朝解體。之後他參加了孫中山領導的辛亥革命。1921 年，中國共產黨成立，毛澤東是創始人之一。1928 年，毛澤東領導一支紅軍部隊與蔣介石交戰，並於 1934 年向北方長征。1935 年「遵義會議」後，毛澤東開始成為共產黨的領袖。他的軍事思想成功地引導了中國革命的勝利。

毛澤東依靠自己對中國的瞭解來制定政策。他很早就意識到當時敵人統治的薄弱環節是農村。他的「農村包圍城市」這一軍事戰略的成功就是依靠農民的力量。20 世紀 30 年代日軍侵華時，毛澤東領導的共產黨與國民黨合作，聯合抗日，40 年代，他又通過無產階級革命重新恢復共產黨的領導地位。

20 世紀 30 年代後期開始，毛澤東提出了馬克思主義的「中國化」，剔除了蘇聯馬克思主義中不符合中國國情的方面。毛澤東設想，通過體力勞動者與腦力勞動者的結合能使中國擺脫貧困，步入社會主義的陽光大道。1949 年之後，毛

上圖：在像中國這樣工業化程度相對較低的國家，工人階級應該和農民組成工農聯盟。

澤東領導中國重返傳統社會主義，主推工業化運動，但同時卻反對用工業化運動所必需的嚴格行政機制來進行監管。50年代後期，毛澤東發起了「大躍進」運動，要加快實現「五年計劃」，試圖單獨靠人力促進生產力，並鼓勵每個村鎮發展小型企業。後來，由於全國各地出現大饑荒，大量人口死亡，「大躍進」運動在 1961 年結束。

　　60 年代中期，毛澤東認為走資本主義道路的當權派已經把中國經濟引入錯誤方向，因而發動「文化大革命」運動。這場運動延續十年之久，使中國在許多方面受到嚴重的破壞和損失，直至 1976 年毛澤東過世時才正式結束。

穆罕默德 (Muhammad)

穆罕默德在有生之年創立的宗教包含了用以約束人與真主及社會的關係,並且統一了阿拉伯國家,建立了帝國。在 100 年的時間裏,伊斯蘭教在整個阿拉伯國家和非洲北部成為國教,並延伸到歐洲南部和亞洲。

- 570 年出生於阿拉伯麥加,632 年卒於阿拉伯麥地那。

- 創立伊斯蘭教。

穆罕默德是個孤兒,出生於當時統治麥加的古來什部落的一個分支。穆罕默德在青年時期就樹立了遠大抱負,他極具正義感,對待真主極為虔誠,頗具人格魅力。然而,直到 40 歲時他才開始受到《古蘭經》的啟示,並致力於傳播真主的啟示。

神諭的核心內容就是安拉獨一無二及反對偶像崇拜,這些教義使穆罕默德及其逐步壯大的追隨者們觸犯了麥加的當權者及克爾白聖壇的捍衛者。622 年,穆罕默德開始「大遷徙」,來到麥地那。

在麥地那,穆罕默德繼續傳播真主的啟示,並且統治着由不同部落組成的日益壯大的團體,為他們提供法律和政府制度,這一切皆來自真主的神諭。儘管穆罕默德死後伊斯蘭教經歷了很大發展,但基本原則在他生前就已確立下來。

在早期因信仰而受迫害的時代,信仰與團體緊密相聯:因為真主的啟示同時約束了個人與真主以及個人與社會的關係。在麥地那,穆罕默德制定了憲法,該憲法迄今仍被穆斯林看做是最理想的憲法。憲法規定團體利益至上,其目的在

於懲惡揚善。它的指導思想就是主持社會公正，人不再因出生和財富區分貴賤，取而代之的是真主面前人人平等。儘管憲法沒有明令禁止奴隸制度，但奴隸得到解放，婦女兒童得到保護，殺害女嬰被定為非法行為。只有虔誠和行善才能得到好名聲。《古蘭經》一書中涉及法律問題的經文只有 80 行，穆罕默德制定的憲法裏也引入了其他法律，如飲食節制、禁酒以及對婚姻等社會制度的規範。

當然，如果沒有軍事上的勝利來抵禦敵對部落，並激發大家的忠誠，穆罕默德的團體根本無法得以保全。與此同時，宗教行動主義，即「聖戰」，是每一個信徒的首要責任。穆罕默德成為部落統治者，他保持着樸素的生活作風，參與外交（往往借助通婚加強部落關係），也捲入衝突，拿戰利品犒賞信徒，並通過「天課」來滿足窮人的需要。

> 正如兩手手指不分高下一樣，人類也是人人平等。沒有任何人擁有指使別人的權力或者特權。你們都是兄弟。
>
> ——穆罕默德
> 最後的訓誡

耶路撒冷是原來的朝聖中心，仇視伊斯蘭教。於是，麥加取而代之，成了伊斯蘭教和即將建立的阿拉伯世界的中心。到 630 年，多年敵對的麥加主動加入穆罕默德的新教。伊斯蘭教最初取得成功，一部分是因為它摒棄了傳統上對某個部落的忠誠：只要遵循穆罕默德的教義，任何人都可以加入這個團體。穆罕默德也允許一定程度上宗教信仰的多元主義，對其他宗教信仰的人徵稅，但他認為基督教徒和猶太教徒都是「聖書上的人民」。穆罕默德禁止逼迫他人改變宗教信仰。

亞伯拉罕・林肯

(Abraham Lincoln)

亞伯拉罕・林肯是美國第 16 任總統，並被譽為美國最偉大的總統。他廢除農奴制、贏得南北戰爭並創立共和黨。他的演講一直是那些渴望擁有同樣權威的後繼者所爭論的主題。

- 1809 年出生於美國肯塔基州哈丁維爾，1865 年卒於美國華盛頓特區。

- 美國最偉大的總統，廢除農奴制，推動政府成為民有、民治、民享的政府。

林肯出生於一個貧困農民家庭。二十多歲時，他成為輝格黨的伊利諾伊州議員，不久以後又成為律師。1846 年，他當選為國會議員。

19 世紀的美國，農奴制的存在為政治理論家們提出了很多問題：法律的根源問題，少數人的權利問題，如何解決一個民主制度下的不同意見，國家的道德目的等。林肯指出，憲法的原則由憲法本身決定：它的原則就是所有人生來平等，人人都有自我管理的權利，農奴制是錯誤的。但因為憲法沒有禁止農奴制，所以部分州仍然在沿用。林肯憑着作為律師對憲法的無比尊重和作為政治家的敏銳，在提出修改憲法、解放農奴之前，廣泛尋求各方的共識。

林肯認為農奴制不僅是不公平的政策，也不利於經濟發展。他的領導原則是勞動力的自由和土地的自由——這是居住者開創未來的權利。為了捍衛民主理論的純潔性和道德、經濟發展的選擇權，他對 1854 年推出的《堪薩斯—內布拉

斯加法案》提出反對，因為此法案規定在美國的一些新領土上，當權者有權對奴隸制度的合法性進行自決。

儘管他沒有贏得這場爭論，但最終獲得共和黨總統提名，並於 1860 年 11 月當選為第一任共和黨總統。在他就任前，南方的一些州脫離聯邦政府，成立南部聯盟。在林肯就職儀式的幾週後爆發了南北戰爭。

在歷史上，公民權運動致力於保障每一個公民在法律面前擁有平等的權利。這場戰爭從 1861 年持續到 1865 年，在此過程中，林肯對美國憲政制度進行了高度概括。他尋求一條和平的道路，聲稱他不贊成、也不反對現行的農奴制，只是想繼續維持聯邦。1863 年，他頒布《解放黑奴宣言》，還給黑奴自由，但這只在聯邦管轄的各州內實行。

> **公民權** (Civil rights)：是受國家法律保護的個人自由。公民權與人權不同，人權與政治制度無關，是全人類共有的權利。

400 萬黑奴中僅有 20 萬獲得自由，但其象徵意義不可估量，因為自此林肯領導的戰爭化身為正義行動，聯邦軍隊更加團結，還獲得了國際支援。這也同時標誌着總統權力的集中，因為林肯不斷增加自己作為總司令的權力，並最終獲得了足夠多的支持，把《解放黑奴宣言》寫進了憲法第 13 次修正案。

1863 年秋，林肯在他最著名的葛底士堡演講中，只用了 271 個字來表述聯邦戰爭的目的：一個自由國度的長存和「一個民有、民治、民享的政府」。林肯贏得了南北戰爭的勝利和總統的連任，在他第二次就職演講中，他承諾和平。他說：「勿以怨恨對待任何人，請以慈愛加給所有人。」幾週後他不幸遇刺。

查爾斯・戴高樂

(Charles de Gaulle)

1940 年 5 月納粹佔領法國之後,查爾斯・戴高樂號召集體抵抗,並且率領「自由法蘭西」於 1944 年攻進巴黎。戴高樂成為法國和平時期的第一任總統,卻因不滿法國憲法的缺點在 1946 年辭職。 1958 年,戴高樂成為「第五共和國」的總統。

- 1890 年出生於法國里爾,1970 年卒於法國科龍貝雙教堂村。

- 為讓法國再度「輝煌」而奉行民族主義和反帝國主義的路線。

　　戴高樂的父親是耶穌教會學校的校長。戴高樂參加了第一次世界大戰,且戰績卓著,直到被俘,後來重回軍隊復職。

　　德國軍隊逼近巴黎,而當時法國的貝當將軍準備休戰,戴高樂逃往倫敦。在倫敦,戴高樂以浪漫的實用主義向當時被佔領的法國宣揚自己與眾不同的政治主張,聲稱「榮譽、常識和國家利益」都需要法國人站起來反抗。

　　從倫敦開始,後到阿爾及利亞,戴高樂在法國的內部和外部都建立了一種聯盟,從而保障法國在爭取自由時扮演主導角色。同樣,戴高樂堅持讓艾森豪威爾將軍在革命運動中儘早解放巴黎,從而先發制人,避免強制組建軍事聯合政府。

　　然而,戴高樂堅信憲法應該擁護領導者的極大權力,因此與其他政客爭吵不休,並最終在 1946 年退出政壇。之後的 12 年裏,殖民地起義,社會經濟動蕩,戴高樂重回政壇。

　　戴高樂在脫離政壇期間,形成了自己的政治觀,這種政

治觀後來演變成「戴高樂主義」。戴高樂主義的核心就是讓法國在政治和文化層面擺脫外國的影響。在法國國內，戴高樂尋求介於社會主義和資本主義之間的第三條道路。

到 1958 年，戴高樂終於可以為自己重返政壇開出條件。他堅持要加強總統的權力。在 1962 年，他在一片爭議聲中為自己的第五套憲法增加修正案，初次引入了總統直接選舉制。

戴高樂在半君主制模式的統治下，着手恢復法國的「輝煌」。他使法國遠離世界範圍內逐步發展起來的種種經濟和軍事聯盟。儘管他兌現了加入歐洲經濟共同體（EEC）的承諾，卻極力反對任何干涉本國事務的企圖（共同農業政策是個例外，因為這一政策對法國的農民極其有利）。戴高樂抵制英國，理由是英國會帶來各種美國的影響因素，他同時脫離了北約的軍事指揮。為了奉行清晰的法國外交政策，他要求法國獨立研製核武器。

> 是的，正是歐洲，從大西洋一直到烏拉爾山脈的歐洲，正是整個歐洲，將會決定世界的命運！
>
> ——查爾斯·戴高樂
> （1959 年演説詞）

後來，戴高樂着手解決阿爾及利亞獨立這一緊迫的問題，同時意識到無法繼續把阿爾及利亞作為法屬殖民地。於是他化身為反帝國主義鬥士，讓法屬非洲殖民地擁有自決權，並來到加拿大高呼「魁北克自由萬歲」的口號。

1968 年，法國上下爆發了學生和工人的示威活動。戴高樂宣佈他會用軍事手段鎮壓任何形式的無政府主義或共產主義運動。雙方最終妥協，平靜得以恢復。第二年，戴高樂進一步修改憲法的提議被駁回，他辭去了總統職務。

溫斯頓・丘吉爾
(Winston Churchill)

溫斯頓・丘吉爾在 1940 年至 1945 年擔任英國首相期間，領導民主國家和自由世界抵抗法西斯主義。他在 1961 年至 1965 年間再次擔任英國首相，不過他還是作為一名戰爭領袖最為人稱道。

- 1874 年出生於英國布林海姆，1965 年卒於英國倫敦。

- 發動大家抵抗希特勒的法西斯主義，帶領民主國家戰勝暴君統治。

出身貴族的丘吉爾學生時代乏善可陳，事業卻是光彩奪目：開始是極為出色的士兵，後來轉而從政，35 歲前就已經成為內閣成員。

在政界，正如士兵需要敵人一樣，丘吉爾積極尋找自己的對手。他選定的政治對手就是共產主義。隨着印度要求自治的呼聲愈來愈高，甘地也成為丘吉爾的政治對手。丘吉爾是極端的保守民主主義者，他認為即使在和平時期，人們也要通過爭取才能獲得自由，而這種自由是在特定條件下的自由。大英帝國是其所有子民權利的捍衛者，並且帝國保證在久遠的未來，人人得以實現自治。至於甚麼時候以及如何實現這一未來，丘吉爾卻漠不關心。

儘管丘吉爾從保守黨轉為自由黨然後又回歸保守黨，他卻聲稱自己的原則從未改變。20 世紀 30 年代，丘吉爾離開政壇，不過他卻站在歷史角度看到希特勒和德國的重新軍事化可能帶來的危險：在歐洲一國獨大的局面從來就不符合英

左圖：在丘吉爾看來，大英帝國是其統治下所有國家的捍衛者，帝國呵護這些國家的發展，直到每個國家能夠實現和平而公正的自治。

國的利益。在現代戰爭的威脅下，丘吉爾從容不迫。正如他自己所言：他作為戰爭領袖的「最佳時機」（1940 年，丘吉爾描述不列顛戰役時首次使用了這個詞語）已經來臨。他的雄辯言辭傳遍全球，使大家看清了希特勒和法西斯的本質，也讓大家明白該如何做出回應。

當時，並非每個國家都覺得這場戰爭於己有利。為了號召大家參戰，丘吉爾提出了對抗暴君統治的民主理想，也就是說，各個民主國家就像戰友甚至同胞一樣親密（丘吉爾先後向法國和美國提及這一思想）。正是由於他不斷公開呼籲美國站在民主陣營這一邊，才使得美國放下了把英國作為帝國主義勢力的傳統敵對態度，並圍繞民主陣營形成了聯盟，這一聯盟甚至還包括印度獨立運動的參與者。

「為自由而戰」這樣的理念極具說服力，所以英國與當時斯大林領導的蘇聯也能結成聯盟。丘吉爾把這種聯盟稱之為「人民聯盟」，因此當蘇聯人民被包圍時英國會為他們運送糧食進行支援。

戰爭結束後，丘吉爾一心想讓美國成為歐洲民主的捍衛者，並提醒大家警惕蘇聯在整個歐洲拉起的鐵幕。在丘吉爾餘生裏，他主要致力於通過遏制共產主義來捍衛民主。

民主

民主，顧名思義，就是「人民做主」。人們普遍認為這是當今世界最好的政府形式。民主制度保證個人自由並賦予公民參政的權利和義務。

民主理論起源於公元前 400 年古希臘的佩利克里斯，在他的悼詞裏最早描述了民主國家的情形：「該政府支持多數而非少數，因此稱為民主。在人們尋求法律庇護時，法律面前，人人平等。」在這種體制下，人民不論貧富，不分階級，維繫該體制的基礎就是法律規定的不可分割的權利。

民主也面臨着幾個挑戰：誰應該擁有選舉權？無法實現大多數人統治時會怎樣？如何保障少數人的權利？民主要求憲法固定、環境安定以及選民能夠承受選舉失敗。

當代民主已經與亞里士多德的民主觀念大相逕庭。亞里士多德認為民主應該是正式公民（大約佔總人口的 1/10）的民主，而且要局限在城邦裏。然而，也正是亞里士多德清晰地闡明了民主與個人自由之間的關係。在 17 世紀，洛克又再次提及這種觀點，其作品進而影響到了美國憲法，同時，法國的孟德斯鳩指明了建立在公眾利益之上的政體的重要性。

進入 19 世紀，自由論者約翰‧斯圖爾特‧密爾界定了政府必須捍衛的基本自由。一個世紀後，約翰‧羅爾斯對自由民主主義中「絕大多數人的最大利益」這一原則提出了質疑，並認為應該首要考慮平等，或者説是社會公正。

亞伯拉罕‧林肯提出「民有、民治、民享」的原則雖然

措辭簡單，但要實現這一原則卻需要更為複雜的體制來支撐。

民主進程中一個實際的轉折點來自英國內戰及人們對以下觀念的接受：即在大選期間，可以把政府交給選定的代表團監管。到 18 世紀晚期，英國已經從君主政體演變為有限的民主政體，從而為許多理論難題提供了現實解答。

民主在理論層面的突破就是對自由和平等的接受。美國受法國革命思想的影響，在個人「不可分割的權利」這一基礎上建立了自己的民主政體，這發生在英國政體實現民主化之前。民主的最大優勢在於包容各種政治體制：只要自主權在人民手上，政府形式從自由民主主義到社會主義可以千變萬化。不過每個政府的合法與否歸根結底都要由人民決定。

民主的擁護者可以通過各種體制來檢驗民主。當地域原則顯得比黨派更為重要時，「勝者為王」是最好的解決方法。為了保證每張選票都發揮最大的影響力，按照比例選定代表會使選舉顯得更為公平。這兩種基本制度的變體往往用來選舉組建一個國家內的各級政府。

在這樣一個恐怖主義似乎遍佈全球的時代，民主賴以生存的基石 —— 自由 —— 卻往往以保衛安全之名受到攻擊。個人安全凌駕於個人自由之上，這引發了人民的種種擔憂。與此同時，因大規模移民而擴大的不平等以及自由經濟主義的盛行，再次對民主勝利的另一個前提條件，即平等享有資源的權利，提出了挑戰。

馬丁・路德・金

(Martin Luther King Jr.)

20 世紀 50 年代以來，馬丁・路德・金作為民權運動的領袖，成功開展了一系列反對種族分離合法性的運動，並激勵一代代黑人起來反抗他們遭到的不公平待遇。

- 1929 年出生於美國喬治亞州的亞特蘭大，1968 年卒於美國田納西州的孟菲斯。

- 爭取黑人平等權利，是非暴力抵抗運動的鬥士。

金的父親是亞特蘭大的牧師，為他提供了安逸的生活，但即使如此，金對黑人和白人之間的不平等現象也不可能置若罔聞。金成長的年代還保留着社會福音運動的傳統：上帝教導我們哪裏有不公正，我們就必須在哪裏採取行動。

金一直被作為牧師來培養，他展開的第一項運動就是在阿拉巴馬州的蒙哥馬利抗議公交車上實行的種族分離制度。在羅莎・帕克斯因拒絕給白人讓座而被捕後，金領導黑人對公共交通進行聯合抵制，並且發表演說，這預示着新的抵抗運動的來臨。金在演說中說：「多年來我們表現出了驚人的忍耐力……然而我們今晚來到此地，已經不再需要忍耐，不再忍耐除了自由和正義以外的任何東西。」

在蒙哥馬利的成功，使金得以成立「南方基督教領袖會議」，這也成為全國和後來國際運動的基地，以爭取黑人與白人之間的平等。非洲國家擺脫殖民統治、爭取自由的鬥爭和印度爭取獨立的鬥爭都對金產生過影響。金拜訪了印度的尼

赫魯之後，對甘地的非暴力抵抗萌生了濃厚的興趣。金一系列運動中的關鍵武器就是「公民不服從」，即以違反法律然後接受處罰的形式來進行抗議。

電視這種新媒體的出現以及日漸富裕的國家越來越高的期望，都為金提供了理想的活動舞台。1963 年，20 萬人以「所有人的平等和公正」之名聚集在林肯紀念堂前，金面對人群發表了他最為著名的演說「我有一個夢想」，震撼了在場的所有人。

1964 年頒布的《民權法案》允許聯邦政府強制執行非隔離政策。當年秋天，金獲得「諾貝爾和平獎」。他在獲獎詞中說：「非暴力抗議回答了我們這個時代一個殘酷的政治和道德問題——能否不用武力和鎮壓來對抗武力與鎮壓。」1965 年，《投票權法案》讓美國南方黑人的選舉權有了法律依託。

在金生命的最後幾年，他受到了來自更為激進的黑人運動領袖的抨擊，如馬爾科姆·艾克斯說金的非暴力抵抗是「懦弱的表現」。金參加了反越戰運動，因為這個運動擴大到社會貧困問題，使得華盛頓的一些當權派因此指責金進行共產主義顛覆運動。

1968 年，金在孟菲斯遭人暗殺。臨死前的一個晚上，金說道：「也許我不能與你們同去。但是，今晚我想讓你們知道，我們作為一個民族，一定可以到達那片樂土。」

> 遵循正義的法律是一個人法律上的責任，也是道德上的責任。反過來，對於不公正的法律，一個人也有道德上的責任不予遵循。
>
> ——1963 年馬丁·路德·金的信件

列赫・瓦文薩 (Lech Walesa)

列赫・瓦文薩原是船廠工人,後來組建波蘭團結工會,這是共產主義陣營國家裏產生的第一個獨立工會。列赫・瓦文薩的領導進一步導致了蘇聯的解體。

- 1943 年出生於波蘭沃茨瓦維克。

- 使波蘭擺脫蘇聯的控制。

列寧船廠位於波羅的海的格但斯克,列赫・瓦文薩是那裏的一名專業電工。童年時,他就親眼目睹了 1956 年的食品暴亂;青年時,他又目睹了 1970 年再次上演的食品暴亂,當時警察開槍打死了幾十個示威者。1976 年,因為再次參與反政府暴亂,瓦文薩丟掉了工作。

1980 年 8 月,波蘭政府試圖再次提高食品價格,格但斯克工人舉行罷工,強行進入被封鎖的船廠,瓦文薩也參加了罷工,並成為主要談判代表。罷工在蔓延,等到 10 月份時,團結工會已經形成,這是一個由各個工會、知識分子以及反政府勢力組成的聯盟,遍及整個波蘭。

瓦文薩年輕健壯,留着世人極易辨認的標誌性八字鬍,令看見他的人津津樂道,不過人們更喜歡他的極度自信和剛直率真。瓦文薩是極度虔誠的天主教徒,所以當波蘭紅衣主教卡羅爾・沃依蒂瓦在 1978 年成為教皇約翰・保羅二世時,他和數以百萬計的國人一樣情緒高漲。1979 年,教皇對自己的祖國波蘭進行了歷史性的訪問。教皇提醒波蘭人民作為波蘭人意味着甚麼,並為波蘭的工人和知識分子搭建橋

樑，從而使團結工會的成立成為可能。儘管工會確實發端於船廠，但卻不僅僅只是工人的組織，團結工會的會員包括信奉基督教的民主人士和波蘭共產主義者等。

瓦文薩之所以能把波蘭人民團結起來，靠的是他反映人民心聲的能力，靠的是他直面政府時的莫大勇氣，因為政府總是千方百計打擊對手。瓦文薩非常普通，所以能向每一位工友呼籲；瓦文薩又極不普通，所以能夠將迥然不同的各種力量團結在團結工會裏。

1981 年中期，團結工會似乎勢不可擋，然而在年底時似乎已被粉碎，因為包括瓦文薩在內的領袖都被逮捕入獄，電話被切斷，軍事法庭也被強行用來審判。然而事實上，團結工會的確勢不可擋。政府當局明白自己永遠無法恢復自己的唯一合法性。1984 年，瓦文薩在缺席的情況下獲得了「諾貝爾和平獎」，因為他已經不能出行。1989 年 6 月，團結工會在第一次選舉中就以席捲之勢獲得政權。1990 年，列赫・瓦文薩在第一次直接選舉中當選為波蘭總統。

> 他們可以殺了我們，卻無法擊垮我們。他們可以解散我們，卻無法迫使我們去工作。
> ——2005 年列赫・瓦文薩接受麥克・唐金探訪

瓦文薩具備的素質使他在領導和平起義時很出色，但卻不能保證他能夠成為同樣出色的總統。他的社會保守主義違背了時代精神。1995 年瓦文薩競選連任時沒能成功。

菲德爾・卡斯特羅

（Fidel Castro）

菲德爾・卡斯特羅是共產主義者，1959 年開始對古巴的統治，領導着西半球第一個共產主義政權。卡斯特羅致力於把革命傳遍拉丁美洲和非洲，晚年時他成為委內瑞拉的烏戈・查韋斯等其他拉美革命者心目中的英雄。

● 1926 年出生於古巴比蘭鎮。

● 西方共產主義的先驅。

　　卡斯特羅出生在一個相對富裕的家庭，是個私生子。他對政治革命的熱情開始於大學時代。他先後參與了推翻多米尼加共和國獨裁者的計劃和哥倫比亞的起義，並在 1953 年為對抗巴蒂斯塔將軍篡奪政權，率軍突襲位於古巴聖地亞哥的兵營，最終失敗並被捕入獄，在獄中待了兩年。

　　卡斯特羅流亡墨西哥期間，為紀念這次突襲行動發起了「七二六運動」，訓練了一支遊擊隊伍。1956 年 12 月，他在弟弟勞爾・卡斯特羅以及切・格瓦拉的陪同下，率領一小股部隊進軍古巴，試圖推翻巴蒂斯塔的政權。1959 年 1 月，經過兩年時斷時續的戰事和有效的宣傳，巴蒂斯塔被迫逃亡。

　　新政府在「軍事聯合政府」的基礎上成立，獲得了社會各界的支持，看似是平民主義政府。然而，6 個月後，卡斯特羅執政，着力推進他的古巴式共產主義計劃。卡斯特羅當時說道：「這不是共產主義，也不是馬克思主義，而是計劃經濟所代表的民主與社會正義。」可是在的美國看來，卡斯特

羅實行的土地國有、沒收美國人財產都是典型的蘇聯式的共產主義。

然而卡斯特羅卻說，古巴式共產主義在精神上和西蒙·玻利瓦爾以及 19 世紀拉丁美洲的獨立先驅者們一脈相承，即反對任何社會不公，而不是引進教條主義式的經濟體制。

教育、醫療和社會福利全部免費，人人都有工作保障，當時的古巴人民比其他任何發展中國家的人民都要健康，受教育程度更高。

冷戰時期，當美國的援助以及市場難以為繼時，卡斯特羅轉向了蘇聯。作為回應，美國試圖推翻卡斯特羅。緊接着古巴流亡軍對豬灣發動災難性的襲擊，但最終被卡斯特羅擊垮。與此同時，蘇聯開始在古巴國土上部署洲際導彈。1962 年的「古巴導彈危機」幾乎導致一場浩劫，然而事後，美蘇兩個超級大國似乎都互相責難對方。

儘管卡斯特羅推翻了一個讓數以百萬計古巴人民瀕於貧困的腐敗政府，可是他的系列經濟改革沒能帶來他預期的回報，也不能為他雄心勃勃的福利計劃提供資金支持，尤其是古巴的主要出口產品甘蔗又缺少了美國這個市場。此時蘇聯介入，保證以高出市場的價格收購古巴的甘蔗。

20 世紀 80 年代，儘管卡斯特羅從來沒有領導古巴成為不結盟國家，卻成了不結盟世界的領導者。蘇聯的解體導致援助物資的撤離，卡斯特羅不得不接受一定程度的自由市場經濟。在他執政的最後時光，卡斯特羅又重新贏得拉美國家人民的喜愛，拉美也是他一直渴望能夠進行革命的地方。

米哈伊爾・戈爾巴喬夫

（Mikhail Gorbachev）

米哈伊爾・戈爾巴喬夫用了短短 6 年時間就結束了冷戰，並開始了一系列大膽的經濟和政治改革。他允許東歐國家通過蘇聯封鎖，但是戈爾巴喬夫卻沒能維持蘇聯的統一。

- 1931 年出生於蘇聯的斯塔夫羅波爾。

- 結束冷戰。

戈爾巴喬夫出生在一個農民家庭，出生地斯塔夫羅波爾位於今俄羅斯的西南部。在他還是僱農的時候，他的政治天賦就已被發現。 1952 年，戈爾巴喬夫來到莫斯科，就讀於法律學校。 1970 年，他已成為共產黨區委第一書記。 1980 年他成為政治局正式委員，年僅 49 歲。

斯大林去世時，戈爾巴喬夫還在莫斯科讀書，隨後他見證了赫魯曉夫的種種嘗試：提議與西方世界和平共處以改變世界格局，改革國內經濟等。

1985 年，戈爾巴喬夫成為共產黨總書記。旅行見聞讓戈爾巴喬夫意識到，蘇聯與當時西方世界的差異。他也明白軍隊的需求佔到國民收入的 1/4，進而拖垮了經濟。

1990 年，戈爾巴喬夫接受「諾貝爾和平獎」時，引用康德預言人類即將面臨兩難境地時的話說：「要麼天下大同，要麼一場毀滅性的戰爭使人類徹底滅絕。」他當時感到世界正面臨真相大白的時刻。

戈爾巴喬夫原本以為「新思維」可以拯救現存體制。他

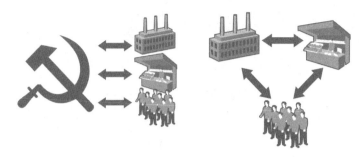

上圖：蘇維埃政府在其計劃經濟中控制資本流動。改革使經濟對私有企業和市場開放。

明白蘇聯的經濟未來取決於創新。然而經濟重組和政府透明無法阻止蘇聯經濟的瓦解。的確，就連戈爾巴喬夫自己都不清楚如何讓計劃經濟解體。「我們想要成為現代文明不可缺少的一部分」，他說道，「遵守國際法的標準，在本國與外部世界的經濟關係中遵守遊戲規則」。

這種「新思維」與其說是一種突如其來的解放，不如說是試圖提供另外一種傳統信仰。儘管戈爾巴喬夫具備西方世界的魅力並且活力十足，但他堅持認為自己一直是馬克思列寧主義者。他希望改革成功，使蘇聯經濟能與西方世界抗衡，蘇聯也能夠再次成為真正的超級大國。

然而，戈爾巴喬夫沒有時間來推行自己的改革。改革擾亂了原有的經濟秩序，進而引發敵對情緒。戈爾巴喬夫在保守派和以葉利欽為代表的激進派之間進退兩難。1991 年 12 月 25 日，戈爾巴喬夫解散了蘇聯。「冷戰結束了，我們將活在新世界。」戈爾巴喬夫說。

賈瓦哈拉爾・尼赫魯
(Jawaharlal Nehru)

賈瓦哈拉爾・尼赫魯作為印度獨立運動的領袖之一，在 1947 年成為印度首任總理。他是在外交事務中主張不結盟的著名代表人物。他的女兒英迪拉及外孫拉吉夫也都先後成為印度總理。

- 1889 年出生於印度阿拉哈巴德，1964 年卒於印度新德里。

- 印度第一任總理。

賈瓦哈拉爾・尼赫魯曾經開玩笑說自己是最後一個統治印度的英國人：尼赫魯家境富裕，出生於律師和官員世家，本人在英國的哈洛中學及劍橋接受教育，主修法律。

尼赫魯回印度不久，就和父親加入了甘地的陣營，因為甘地呼籲印度人民抵制屈服於英國統治這一錯誤行為。在此期間，尼赫魯周遊各地，目睹了印度農村的貧窮。20 世紀 20 年代，尼赫魯對歐洲及蘇聯進行訪問，這次訪問使他深信：印度的出路就是實行漸進式費邊社會主義和計劃經濟。

甘地借助尼赫魯的年輕激進，吸引了其他更加年輕的支持者。尼赫魯在印度國大黨裏職位晉升很快，於 1929 年當上國大黨主席。30 年代中期以後，尼赫魯就已是公認的甘地接班人。

尼赫魯曾被英國人囚禁過 9 次，卻依然是親英派，不過儘管他不情願，還是支持了甘地在 1942 年提出的關於英國

必須立即撤出印度的要求。可結果是，由於當時國大黨整個領導層都被羈押，使得當時印度的另一個黨派——真納穆斯林聯盟一黨獨大。印度的分裂因此變得愈發不可避免，儘管信奉黨政分離的尼赫魯和甘地對此極力反對。

1947年以後，尼赫魯作為世界上最大民主國家的首任總理，宣佈政治與宗教已經過時，取而代之的是「科學」與「信仰」。尼赫魯信奉家長主義，而非理想主義，他引進了「國家領導的」社會主義，和民主、團結、政教分離等一起，構成了一套指導原則，旨在實現人民富裕所需的現代化。

然而，這一切只是證明了「硬性改革」先天不足。社會改革的政策沒有改變人們對待婦女或「賤民」的看法；國營行業既官僚又低效。尼赫魯非常依賴——或如他的批判者所言，過於依賴——那些繼承自英國的制度，尤其是警察和軍隊，也過於依賴那些英國高參。經濟的支撐越來越多依賴國外援助。不過，尼赫魯還是創立了技術研究所，這成為印度技術革命的「培育室」。

> 這一刻終於來臨了。歷史上鮮有這樣的時刻，此時我們擺脫舊的牢籠，煥然新生，此時一個時代結束，此時一個民族長期被壓抑的靈魂終於蘇醒。
>
> ——賈瓦哈拉爾·尼赫魯總理（1947年就職演說）

外交事務方面，尼赫魯試圖尋求一條介於西方和東方之間的中間路線，不過並未成功，因為他的不結盟政策被西方認為是親蘇聯的。尼赫魯憑着他的誠實正直，憑着他對社會的關注，也憑着他能説和帝國主義英國一樣的政治語言，成功帶領印度走向獨立民主，並能使其得以為繼，在這一點上他無疑是成功的。

朱利葉斯・尼雷爾
(Julius Nyerere)

朱利葉斯・尼雷爾是坦桑尼亞獨立後的第一任總統。作為一名重要領導人，他曾犯下很大的錯誤，尤其是試圖在坦桑尼亞農民中強制推行「集體化」。同時，他也是建立「非洲統一組織」的主要推手。

- 1922 年出生於坦幹伊克的布蒂阿瑪，1999 年卒於英國倫敦。

- 坦桑尼亞首任總統，促成非洲統一組織的核心人物。

尼雷爾的父親是名酋長。尼雷爾出生時，坦幹伊克由國際聯盟委託英國管轄。尼雷爾是第一個在英國大學讀書的坦幹伊克人。 1952 年，他從英國愛丁堡大學畢業，獲得文學碩士學位，之後回國任教。尼雷爾喜歡別人稱自己為「老師」，按他自己的話說就是「任教是我的選擇，從政純屬意外」。

20 世紀 50 年代時，尼雷爾成為國家的首要代表。當時，他作為非洲國家聯盟坦幹伊克的發言人，為確立本國的獨立日而在聯合國據理力爭。選舉最終在 1961 年舉行，尼雷爾當選為首席部長，隨後成為總理。

尼雷爾一上任，就在國際事務中扮演了重要角色。他要求南非脫離英聯邦，因為當時南非實行歐洲人和非歐洲人隔離的政策；他還支持非洲其他國家的解放運動，尤其是羅伯特・穆加貝在羅德西亞（今津巴布韋）領導的運動。尼雷爾一直參與非洲的各種事務，並擁護非洲社會主義。

尼雷爾在 1967 年的《阿魯沙宣言》裏提出了「互助農業社」這一觀念。由於這個觀念，農民被迫集中到公社或村莊，以實現「集體化」。計劃的用意是在提高生產力的同時提供衛生和教育服務。尼雷爾還大規模推廣掃盲運動和全民義務教育，同時致力於解決部落紛爭。可是，計劃失敗，坦桑尼亞卻此陷入赤貧，從非洲最大的農產品出口國淪為最大的進口國。1000 多萬坦桑尼亞人民的生活受到影響，自此，坦桑尼亞開始主要依賴中國的救濟。

尼雷爾追求不結盟外交政策的努力也化為泡影——一方面因為坦桑尼亞擺脫不了國外救濟，另一方面因為尼雷爾前後矛盾。例如，他極力反對羅德西亞和南非的白人統治，但對伊迪·阿明在烏干達的濫用職權和本國副總統謝赫·卡魯姆的暴行卻不聞不問。謝赫·卡魯姆來自桑給巴爾，桑給巴爾後來與坦桑尼亞統一。

尼雷爾引入了一黨政治。他也會讓多名候選人參選某些席位，因此帶來一些高層的人事變動，但即使在他承認自己的「互助農業社」失敗後（這一點在所有政客裏面算是獨一無二的），也沒有在總統選舉時遇到真正的對手。

坦桑尼亞因管理不善，官僚腐敗，再加上「互助農業社」的失敗，成為非洲最貧窮的國家。在 1999 年尼雷爾因白血病去世後，他依然擁有坦桑尼亞人民對他的忠誠和世界人民對他的讚賞。

非洲社會主義：後殖民時期非洲國家的普遍政治信條。和古典社會主義一樣，非洲社會主義也提倡財富再分配，以體現平等。與古典社會主義不同的是，非洲社會主義的基礎是自給自足的小型社區，靠非洲的傳統習慣來運行，以抵制殖民主義國家強加的社會制度。

商務印書館 📖 讀者回饋咭

　　請詳細填寫下列各項資料，傳真至2565 1113，以便寄上本館門市優惠券，憑券前往商務印書館本港各大門市購書，可獲折扣優惠。

所購本館出版之書籍：＿＿＿＿＿＿＿＿＿＿＿＿＿＿＿＿＿＿＿＿

購書地點：＿＿＿＿＿＿＿＿＿＿＿　姓名：＿＿＿＿＿＿＿＿＿＿

通訊地址：＿＿＿＿＿＿＿＿＿＿＿＿＿＿＿＿＿＿＿＿＿＿＿＿＿

電話：＿＿＿＿＿＿＿＿＿＿＿　傳真：＿＿＿＿＿＿＿＿＿＿＿

電郵：＿＿＿＿＿＿＿＿＿＿＿＿＿＿＿＿＿＿＿＿＿＿＿＿＿＿＿

您是否想透過電郵或傳真收到商務新書資訊？　1□是　2□否

性別：1□男　2□女

出生年份：＿＿＿＿＿年

學歷：1□小學或以下　2□中學　3□預科　4□大專　5□研究院

每月家庭總收入：1□HK$6,000以下　2□HK$6,000-9,999
　　　　　　　　3□HK$10,000-14,999　4□HK$15,000-24,999
　　　　　　　　5□HK$25,000-34,999　6□HK$35,000或以上

子女人數（只適用於有子女人士）　1□1-2個　2□3-4個　3□5個以上

子女年齡（可多於一個選擇）　1□12歲以下　2□12-17歲　3□18歲以上

職業：1□僱主　2□經理級　3□專業人士　4□白領　5□藍領　6□教師　7□學生
　　　8□主婦　9□其他

最多前往的書店：＿＿＿＿＿＿＿＿＿＿＿＿＿＿＿＿＿＿＿＿＿＿＿

每月往書店次數：1□1次或以下　2□2-4次　3□5-7次　4□8次或以上

每月購書量：1□1本或以下　2□2-4本　3□5-7本　2□8本或以上

每月購書消費：1□HK$50以下　2□HK$50-199　3□HK$200-499　4□HK$500-999
　　　　　　　5□HK$1,000或以上

您從哪裏得知本書：1□書店　2□報章或雜誌廣告　3□電台　4□電視　5□書評/書介
　　　　　　　　6□親友介紹　7□商務文化網站　8□其他(請註明：＿＿＿＿＿＿＿)

您對本書內容的意見：＿＿＿＿＿＿＿＿＿＿＿＿＿＿＿＿＿＿＿＿＿

＿＿＿＿＿＿＿＿＿＿＿＿＿＿＿＿＿＿＿＿＿＿＿＿＿＿＿＿＿＿＿

您有否進行過網上購書？　1□有　2□否

您有否瀏覽過商務出版網(網址：http://www.commercialpress.com.hk)？1□有　2□否

您希望本公司能加強出版的書籍：1□辭書　2□外語書籍　3□文學/語言　4□歷史文化
　　　5□自然科學　6□社會科學　7□醫學衛生　8□財經書籍　9□管理書籍
　　　10□兒童書籍　11□流行書　12□其他(請註明：＿＿＿＿＿＿＿＿＿＿＿)

根據個人資料「私隱」條例，讀者有權查閱及更改其個人資料。讀者如須查閱或更改其個人資料，請來函本館，信封上請註明「讀者回饋咭-更改個人資料」

香港筲箕灣

耀興道3號

東滙廣場8樓

商務印書館（香港）有限公司

顧客服務部收